Das Paradox in Logik und Familientherapie

Edition Psychologie und Pädagogik

Camillo Loriedo / Gaspare Vella

Das Paradox in Logik
und Familientherapie

Mit einem Vorwort von
Helm Stierlin

Matthias-Grünewald-Verlag · Mainz

Titel der Originalausgabe:
Il paradosso e il sistema familiare
© 1989 Camillo Loriedo e Gaspare Vella
Bollati Boringhieri, Torino
Aus dem Italienischen von Sabina Kienlechner
Übersetzung bearbeitet von Brigitte Stübner

Die Deutsche Bibliothek – CIP-Einheitsaufnahme

Loriedo, Camillo:
Das Paradox in Logik und Familientherapie / Camillo Loriedo ; Gaspare Vella. Mit
einem Vorw. von Helm Stierlin. [Aus dem Ital. von Sabina Kienlechner. Übers.
bearb. von Brigitte Stübner]. – Mainz : Matthias-Grünewald-Verl., 1993
    Einheitssacht.: Il paradosso e il sistema familiare <dt.>
    ISBN 3-7867-1679-X
NE: Vella, Gaspare:; Stübner, Brigitte [Bearb.]

© 1993 Matthias-Grünewald-Verlag, Mainz
Printed in Germany
Umschlag: Harun Kloppe, Mainz
Satz: Studio für Fotosatz und DTP, Ingelheim
Druck und Bindung: Weihert-Druck, Darmstadt
ISBN 3-7867-1679-X

Inhalt

Vorwort

Unsere Welt – und dazu rechnen nicht zuletzt unsere Innenwelt und die Welt unserer Beziehungen – zeigt sich uns zunehmend komplexer. Vor allem Psychotherapeuten sehen sich hier herausgefordert: Sie müssen solcher Komplexität gerechtwerden, müssen mit ihr leben, müssen sie aber auch immer wieder reduzieren – ohne sich dabei jedoch den Zugang zu Komplexität zu verschließen. Es waren in erster Linie Familien- und systemische Therapeuten, die diese Herausforderung erkannten und sich ihr zu stellen versuchten. Und hier war es vor allem ein Phänomen, an dem sich diese Herausforderung verdeutlichte, ja entzündete: das der in menschlichen Beziehungen zur Wirkung kommenden – wirklichen oder anscheinenden – Paradoxien.

Denn im Verlauf des knappen halben Jahrhunderts, in dem sich der familientherapeutische und insbesondere der systemische Ansatz entwickelten, hat kaum etwas für so viel Aufregung wie auch Mißverständnisse gesorgt, wie eben diese Paradoxien, oder vielleicht genauer: wie die Versuche, diese zu beschreiben, zu erklären, therapeutisch anzugehen, wie auch therapeutisch zu nutzen.

Vor allem zu zwei Zeitpunkten lösten Paradoxien bei Familienforschern und -therapeuten ein ungewöhnliches Interesse aus: Einmal Anfang der fünfziger Jahre, als Gregory Bateson und dessen Mitarbeiter in Palo Alto in Kalifornien ihre Vorstellungen vom „double bind" entwickelten, den ich seinerzeit mit „Beziehungsfalle" übersetzte. Es ließe sich auch von einer paradoxiebedingten Zwickmühle sprechen. Und dann Anfang der siebziger Jahre, als die Mailänder Gruppe um Mara Selvini-Palazzoli mit ihrem Buch „Paradox und Gegenparadox" vor die Öffentlichkeit trat. Nicht wenige Therapeuten schienen damals von einem Paradoxierausch erfaßt und ließen das auch ihre – nicht selten befremdeten – Klienten spüren. Seither kann indessen von solchem Rausch kaum mehr die Rede sein. Die Probleme und Herausforderungen, die sich für Theoretiker wie Praktiker mit dem Paradoxiebegriff verbinden, sind jedoch geblieben.

7

In dem vorliegenden Band haben sich Camillo Loriedo und Gaspare Vella, zwei erfahrene Psychiater und Familientherapeuten, diesen Problemen und Herausforderungen gestellt und diese umfassend beschrieben. Dabei werteten sie nicht nur die relevante Literatur im Bereich der Familien- und systemischen Therapie und Forschung aus, sondern studierten auch die Beiträge der hier wegweisenden Philosophen, Logiker und Mathematiker. Nicht zuletzt brachten sie ihre eigenen reichen klinischen Erfahrungen ein. Es entstand ein Buch, worin sich die Klarheit der Darstellung mit dem Blick für das klinisch Wesentliche verbindet. Ich wünsche es mir in die Hände vieler – nicht nur systemisch- und familientherapeutisch interessierter – Leser.

Helm Stierlin

Einleitung

Der familiensystemische Ansatz verdankt sich zu einem großen Teil dem Konzept der Paradoxie: einem Konzept, das, der Logik entliehen, in den Modellen der menschlichen Interaktion beachtliche pragmatische Bedeutung gefunden hat. Seit Gregory Bateson zusammen mit der Forschungsgruppe von Palo Alto erstmals das Paradox als mögliches „Agens" in den pathologischen Familienbeziehungen von Schizophrenen aufgriff, sind dreißig Jahre vergangen; heute steht das Paradox erneut im Mittelpunkt des Forschungsinteresses. Das Paradox war und ist auch heute noch der bekannteste und eigentümlichste Interaktionsmodus, der von der systemischen Familienforschung ausgearbeitet wurde – und entsprechend ist das Paradox das meistbenutzte Instrument der Familientherapeuten.

In den letzten Jahren hat das Paradox einiges von seiner Popularität eingebüßt, da man vor seiner Komplexität zurückscheute; unklare Definitionen haben oftmals Unsicherheit und Verwirrung gestiftet. Wir möchten in dieser Arbeit einige mehr oder minder bekannte Aspekte des Paradoxes erörtern und sie erneut auf ihre pragmatische Bedeutung hin überprüfen: Wir hoffen, auf diese Weise herausstellen zu können, wie diese Aspekte in ihrer Verbindung zueinander zum Paradox der menschlichen Beziehungen führen.

Unsere Vorgehensweise erlaubte uns, auch die Wirkung des Gegenparadoxes in der Familienpsychotherapie zu schildern und einige generelle Kriterien für seinen therapeutischen Gebrauch auszuarbeiten.

Um verständlich zu machen, welche Funktion das Paradox in Familiensystemen im allgemeinen und in den dysfunktionalen Familiensystemen im besonderen einnimmt, und um den Sinn der therapeutischen paradoxen Intervention darzustellen, schien es uns notwendig, auf die fernen Ursprünge des Paradoxes zurückzugreifen und auf diese Weise seine logischen Voraussetzungen herauszuarbeiten. Einem Leser, der ausschließlich an der klinischen

Anwendung des Modells interessiert ist, mag ein solches Vorgehen unnötig weitschweifig und gewunden erscheinen; aber das Studium des Paradoxes als solchem – das, wie Quine sagte, „die Fähigkeit besitzt, uns die Nützlichkeit der unnützen Dinge zu lehren" – hat uns auch jene Bereiche zu achten gelehrt, die unserer Aufmerksamkeit für gewöhnlich entgehen.

Auf diese Weise vermögen wir, den totalisierenden Überzeugungen zu entrinnen, die unser Denken in das beschränkte Universum der Komplexität zwingen.

Camillo Loriedo
Gaspare Vella

1. Kapitel

Ursprünge der Paradoxie

Das Wahre und das Falsche liegen nicht in den Dingen, etwa dergestalt, daß das Gute wahr und das Schlechte falsch wäre, sondern im Denken.

(Aristoteles, Metaphysik)

Die Paradoxien des Zenon

Der Überlieferung nach war Zenon von Elea der erste, der sich mit dem Paradox beschäftigte; er lebte um 500 v.Chr. und war ein Sohn des Teleutagoras und Schüler des Parmenides.

Zenon war zweifellos ein ungewöhnlicher Mann, ein rebellischer Geist. Der Sophist Timon von Phleius sagte von ihm: „Die große Stärke Zenons, der nicht leicht zu besiegen ist, liegt in seiner Fähigkeit, eine These und deren Gegenteil zugleich zu behaupten."

Diogenes Laertios berichtet, Zenon sei verhaftet und ins Gefängnis gesteckt worden, weil er versucht hatte, den Tyrannen Nearchos zu stürzen; und als man ihn verhörte, damit er seine Komplizen verrate, habe er die Namen all derer genannt, die mit dem Tyrannen befreundet waren. Dann habe er darum gebeten, mit Nearchos alleine sprechen zu dürfen, doch als ihm dieser nahe war, habe er ihn ins Ohr gebissen und nicht mehr von ihm abgelassen, bis die Wächter ihn durchbohrten.

Aristoteles zufolge ist Zenon der Erfinder der Dialektik und der Paradoxien. Und eben den Paradoxien verdankt Zenon seinen die Zeiten überdauernden Ruhm und seine Bedeutung in der Geschichte der Philosophie und der Logik.

Viele der Zenonischen Paradoxien haben den Philosophen, Logikern und Mathematikern zu denken gegeben, und noch heute sind sie Gegenstand ihrer Studien und Diskussionen. Darüberhinaus hat das Paradox in jüngster Zeit ein bemerkenswertes Interesse in der

Psychologie und dem Studium der menschlichen Verhaltensweisen gefunden, wegen der komplexen pragmatischen Wirkung, die es bei der Entstehung gewisser pathologischer Erscheinungen und in einigen Formen der Psychotherapie zu haben scheint.

Bevor wir uns den psychologischen Implikationen zuwenden, denen das Hauptinteresse dieser Abhandlung gilt, möchten wir kurz auf die historischen Ursprünge der Paradoxie zu sprechen kommen und einige ihrer bedeutendsten Entwicklungen nachvollziehen, um den pragmatischen Aspekt besser begreifen zu können. Selbstverständlich kann es sich dabei nicht um eine erschöpfende Darstellung handeln. Vielmehr haben wir uns absichtlich auf jene logischen Aspekte der Paradoxie beschränkt, die, dem aktuellen Erkenntnisstand entsprechend, in direkter oder indirekter Beziehung zu den Mechanismen des Verhaltens stehen.

Die erste und zweifellos bekannteste Paradoxie ist die vom Wettlauf des Achilles mit der Schildkröte, die Zenon anführte, um die Thesen seines Lehrers Parmenides zu beweisen. Parmenides nämlich hatte die Behauptung aufgestellt, daß das Sein Eines, unveränderlich und unvergänglich sei und daß die Vielheit und die Beweglichkeit der Dinge nicht existiere. Die Thesen riefen bei seinen Zeitgenossen verständlicherweise Spott und Gelächter hervor, und zwar so weit, daß manch einer meinte, Parmenides' Behauptung von der Nicht-Existenz der Bewegung schlicht dadurch widerlegen zu können, daß er etwa vom Stuhl aufstand und einige Schritte tat.

Dem antwortete Zenon mit dem Gleichnis des Achill. Egal, mit welchem Vorsprung die Schildkröte ihren Wettlauf beginnt, sie wird von Achilles nie eingeholt werden können, wie schnell er auch laufen mag. Denn der Verfolger muß ja, bevor er den Verfolgten einholen kann, stets zunächst den Punkt erreichen, den der vor ihm Fliehende bereits passiert hat; so daß die Schildkröte stets einen Vorsprung haben wird, sei er auch noch so klein.

Auf den Spuren dieser Paradoxie erarbeitete Zenon eine weitere, die ebenfalls beweisen sollte, daß die Bewegung nicht existiert. Das in Bewegung befindliche Objekt muß auf seinem Wege immer erst die Hälfte der Strecke zurücklegen, bevor es das Ziel erreichen kann, sodann nochmals die Hälfte dieser Hälfte, und so weiter bis in alle Unendlichkeit. Es wird also nicht ans Ende der Strecke gelangen können, ohne zuvor eine unendliche Anzahl von Teilstrecken zurückgelegt zu haben, und kann also, da die Zahl der Teilungspunkte unendlich ist, niemals am Zielpunkt ankommen.

Weithin bekannt unter den Paradoxien des Zenon ist auch jene vom fliegenden Pfeil. Darin behauptet Zenon, daß jeder Körper – wie etwa ein von einem Bogen abgeschossener Pfeil -, der einen seinem Umfang entsprechenden Raum einnimmt, entweder stillsteht oder sich bewegt: Doch im Innern des von ihm besetzten Raumes kann der Körper sich nicht bewegen, also steht er still. Der fliegende Pfeil kann in jedem Augenblick nur den Raum einnehmen, der seinem Umfang entspricht; daraus ist zu schließen, daß er nicht anders als stillstehen kann. Wenn also der Pfeil in jedem der unendlich vielen Augenblicke, aus denen die Zeit besteht, stillsteht, so steht er eben auch die ganze Zeit über still. Da man jedoch von der Voraussetzung ausging, daß der Pfeil fliegt, bedeutet dies, daß er gleichzeitig fliegt und stillsteht.

Um zu beweisen, daß das Sein Eines und unveränderlich ist, bedient Zenon sich der unendlichen Teilbarkeit des Kontinuums. Wenn das, was ist, nicht Eines und nicht unteilbar wäre, sondern sich in eine Vielzahl von Einzelheiten aufteilte, wäre nichts eigentlich Eines, da ja, einmal vorausgesetzt, daß das Kontinuum teilbar ist, die Teilbarkeit sich bis ins Unendliche fortsetzen würde; im übrigen aber kann das Sein, wenn es nicht wirklich Eines ist, auch nicht Vieles sein, wenn wahr ist, daß die Vielheit aus vielen Einzelheiten besteht.

In seinen Darstellungen folgt Zenon streng einer dialektischen Vorgehensweise, da er vom Prinzip des ausgeschlossenen Widerspruchs ausgeht und es darauf abgesehen hat, die Widersprüchlichkeit aufzuweisen, in der der Gegner sich befindet, egal, welche Position dieser bezieht. Zenons logische und unumstößliche Argumentation führt zu paradoxen, absurden Schlußfolgerungen.

Es muß betont werden, daß Zenon nicht die Gültigkeit seiner Schlüsse beweisen will, sondern eben deren Absurdität; gleichwohl wollen diese Schlüsse, da sie ja korrekt hergeleitet sind und logisch aus den Voraussetzungen folgen, die Falschheit der Voraussetzungen selbst beweisen[1] und damit die Wahrheit der Thesen der

---

[1] Wer die psychotherapeutische Methode Carl A. Whitakers kennt, wird nicht umhin können, deren Analogie zur Vorgehensweise von Zenon zu erkennen. Whitaker weist niemals direkt auf die pragmatischen und kommunikativen

Eleatischen Schule, die die Bewegung als bloße Erscheinung und das Sein als Eines und Unveränderliches ansieht.

Abgesehen von seinen politischen Aktivitäten hatte Zenon keinen großen Erfolg bei seinen Zeitgenossen, die seine Ausführungen verächtlich als „Sophismen" bezeichneten. Doch heute, nach über 2000 Jahren, haben die „Sophismen" des Zenon wieder Aktualität gewonnen, sie haben sogar Karl Weierstraß (1815-1897) den Anstoß zur Entwicklung einer neuen Mathematik und Grenzwerttheorie gegeben.

Weierstraß bewies, daß sich der Pfeil in jedem einzelnen Augenblick seines Fluges tatsächlich im ruhenden Zustand befindet, und daß die Welt, in der wir leben, im einzelnen Augenblick betrachtet, tatsächlich unveränderlich ist.

Worin Zenon irrte, war, daß er aus der Unveränderlichkeit des einzelnen Augenblicks schloß, daß die Welt auch in der Abfolge der verschiedenen Augenblicke im selben Zustand verharren müsse: ein Schluß, der ganz und gar nicht aus den Voraussetzungen folgt.

Die Einführung der Paradoxie und der Dialektik durch Zenon markiert den Beginn einer radikalen Veränderung, die in der Geschichte der Logik noch oft die Revision einiger als sicher geltender Prinzipien erzwungen hat.

Das Paradox hat zum Beispiel ermöglicht, die Grenzen des aristotelischen „Prinzips des ausgeschlossenen Widerspruchs" zu erfassen, aufgrund dessen es „nicht möglich ist, daß Gegensätze gleichermaßen wahr sind" (Metaphysik).

Die Anerkennung der Paradoxien hat dazu geführt, daß eine Vielzahl absoluter Überzeugungen relativiert wurde, sie hat, wenn man so will, den Weg zur *Komplexität* geöffnet.

Seit Zenon hat der menschliche Geist sich in immer neuen Fassungen der Paradoxien versucht, denen mehr oder minder gültige Lösungen folgten. Wir verzichten darauf, hier die zahlreichen paradoxen Enigmen wiederzugeben, die die Logik bis heute hervorgebracht hat (der interessierte Leser kann sie sich leicht anhand der Bibliographie im Anhang dieser Abhandlung heraussuchen), um, wenn auch notwendigerweise in verkürzter Form, die

---

Unstimmigkeiten hin, die in einer Familie stattfinden, sondern greift sie vielmehr auf und führt sie bis zu ihrer logischen Konsequenz, nämlich in ihre substantielle Absurdität.

Schritte darzustellen, wodurch das Paradox als Modalität der menschlichen Beziehungsmuster erkannt wurde; eine Modalität, die für das Wohlbefinden des Individuums und seiner sozialen Gruppe entscheidend ist.

In diesem Sinne gehen wir im folgenden von den Paradoxien des Zenon, die rein logisch und also abstrakt und ohne unmittelbare Rückwirkung auf das Verhalten sind, direkt zum Paradox des Lügners über. Es handelt sich dabei um ein Paradox (auch wenn es korrekterweise „Antinomie" oder „paradoxe Definition" heißen müßte), dem eine Selbstdefinition dessen, der sie ausspricht, innewohnt und das deshalb nicht nur eine inhaltliche Botschaft enthält, sondern auch einen nicht zu übersehenden verhaltensrelevanten Aspekt. Mit anderen Worten: Dieses Paradox hat nicht nur spekulativen Charakter, sondern bezeichnet ein wahrhaft paradoxes Verhältnis.

Das erste pragmatische Paradox

Das Paradox des Lügners ist fälschlicherweise Epimenides zugeschrieben worden, einem wegen seiner Weisheit berühmten Mann, der im 6. Jahrhundert v.Chr. in Griechenland lebte. Doch zu Zeiten des Epimenides gab es dieses Paradox noch nicht, tatsächlich reichen seine Spuren nur etwa ins Jahr 330 v.Chr. zurück.

Den zuverlässigsten Hinweis gibt Diogenes Laertios, der das Gleichnis des Lügners Eubulides von Milet zuspricht, der eben zur genannten Zeit gelebt hat.

Die uns überkommenen Versionen dieses Paradoxes sind zahlreich und sehr unterschiedlich, und es ist praktisch unmöglich zu entscheiden, welche die originale Fassung ist. Grundsätzlich können die verschiedenen Versionen alle auf folgende Behauptung verkürzt werden: „Ich sage, daß ich lüge, also sage ich die Wahrheit."

Es ist nicht schwer, den Circulus vitiosus zu erkennen, der sich aus dieser Behauptung ergibt. Denn tatsächlich sagt der, der da spricht, die Wahrheit nur dann, wenn er lügt, und er lügt nur dann, wenn er die Wahrheit sagt.

Dieser Circulus vitiosus hat auch leicht einsehbare pragmatische Konsequenzen, denn für einen hypothetischen Gesprächspartner ist es unmöglich zu entscheiden, was an dieser Behauptung wahr und was falsch ist, und so kommt es, daß er beginnt, alle möglichen Bedeutungen, die die Behauptung impliziert, zu durchdenken, um schließlich erkennen zu müssen, daß sie, wie wir sehen werden, „unentscheidbar" ist.

Dem Rätsel des Lügners ist, wenn auch in ganz anderer als der hier dargestellten Form, auch die erste uns bekannte dramatische Wirkung eines Paradoxes auf das menschliche Verhalten zuzuschreiben. Es heißt nämlich, der Logiker Philetas von Kos (340-285 v.Chr.) habe über dem Versuch, das Rätsel zu lösen, seine Gesundheit so sehr vernachlässigt, daß er schließlich darüber starb, wie seine Grabinschrift bezeugt: „Wanderer, hier liege ich, Philetas; das Argument des Lügners und das tiefe nächtliche Nachdenken darüber haben mir den Tod gebracht" (Bochenski, 1956, S.177).

Die Lösung dieses Paradoxes (oder – wie man in der Logik sagen würde – seine reductio ad absurdum) ist erst in jüngster Zeit gelungen; doch ist es bemerkenswert, wie weit Chrysippos, der diesem Argument viele Bücher gewidmet hat (angeblich 28), bereits dem nahekam, was heute als die Lösung der Antinomie angesehen wird. Die lateinische Übersetzung eines von ihm stammenden und von Bochenski zitierten Fragments (Stoicorum Veterum Fragmenta II, 289a, Bochenski, S.179) beweist, daß er auf hervorragende Weise das Richtige intuitiv erfaßte: „Der Trugschluß desjenigen, der die Wahrheit sagt, sowie seines Widerparts müssen in analoger Weise gelöst werden. Man darf nicht sagen, daß sie die Wahrheit sagen, ebensowenig darf man sagen, daß sie lügen; noch darf man andererseits annehmen, daß die gleiche Aussage zugleich wahr und falsch ist, sondern vielmehr, daß sie beide bar jeder Bedeutung sind."

Bevor wir uns den Modi zuwenden, in denen die Paradoxien auf das menschliche Verhalten einwirken, ist es notwendig, kurz die Entwicklung zu untersuchen, die das Konzept der Paradoxie in der modernen Logik vollzieht. Den Lesern, die mit dieser Disziplin nicht vertraut sind, mag die Darstellung vielleicht etwas schwierig erscheinen; doch wir meinen, daß einige wenige begriffliche Erläuterungen notwendig sind, um zu begreifen, wie Gregory Bateson und seine Mitarbeiter (Bateson, Jackson u.a., 1956), wie wir zeigen werden, ihren Hypothesen über den Ursprung der Schizophrenie die „Theorie der Typenlogik" von Bertrand Russell

16

zugrundelegen konnten. Im übrigen sagte eben derselbe Bateson (1972b): „In dem Maße, in dem den Verhaltensforschern noch immer die Problematik der „Principia Mathematica" unbekannt sind, dürfen sie sich einer Rückständigkeit von circa sechzig Jahren rühmen."

Trotz der entscheidenden Rolle, die sie in der Theorie des Double-bind und damit in der Evolution der Beziehungsmuster spielen, sind und bleiben die „Principia" (Russell und Whitehead, 1910) weitgehend unbekannt und wenig erforscht.

Aus diesem Grunde möchten wir nun von den „Principia" sprechen und dabei versuchen, sie so weit wie möglich in den Kontext der klassischen Paradoxie einzubinden, wie auch ihren Bezug zur Theorie der Typenlogik herzustellen, die zum Zweck ihrer Lösung erdacht worden ist.

2. Kapitel

Von den „Principia Mathematica" zu Gödel. Das Paradox in der neuen Logik

Mehr als einmal in der Geschichte wurde die Entdeckung eines Paradoxons zum Anlaß einer grundlegenden Umformung des Denkens.

(Quine, 1966)

Die Vorgänger

Die Gedanken, die Whitehead und Russell in den „Principia" zu Papier brachten, waren so radikal neu, daß sie „die Mathematik ins Wanken brachten", wie Gottlob Frege zu seinem Bedauern erkennen mußte.

Frege, ein Gelehrter von ungewöhnlicher wissenschaftlicher und methodischer Strenge, der unter anderem als erster eine mathematische Logik entwarf, sah sich, als ihm diese Gedanken zur Kenntnis kamen, gezwungen, sein monumentales Werk „Grundgesetze der Arithmetik" gänzlich neu zu durchdenken. In einem Nachwort, das er seinem Werk nach dessen Abschluß nachschickte, gestand er voller Kummer: „Einem wissenschaftlichen Schriftsteller kann kaum etwas Unerwünschteres begegnen, als daß ihm nach Vollendung einer Arbeit eine der Grundlagen seines Baues erschüttert wird. In diese Lage wurde ich durch einen Brief des Herrn Bertrand Russell versetzt" (Frege, 1893, S. 253). Nichtsdestoweniger enthält das Werk Freges, vor allem seine „Begriffsschrift" (1879), eine Reihe von grundlegenden Erkenntnissen, deren deskriptive und semantische Genauigkeit mit derjenigen des Aristoteles verglichen worden ist.

Für unseren Zusammenhang ist es von Interesse, daran zu erinnern, daß Frege als erster zwischen einer Sprache und einer Metasprache unterschieden hat. Ein großer Teil seiner Beobachtungen sind von Russell und Whitehead in die „Principia" miteinbezogen worden.

Als ein weiterer Vorgänger der „Principia Mathematica" darf George Boole mit seinem Werk „The Mathematical Analysis of Logic" (1847) gelten. Der Erfinder der symbolischen Logik bedient sich in diesem Werk der Algebra und ihrer Formen, um die Paradoxien der Logik zu erklären. Praktisch bedeutet dies, daß zur Beschreibung einer Disziplin und zum Beweis ihrer Widerspruchsfreiheit hier erstmals eine Metasprache benutzt wird, die von der Sprache der Disziplin selbst unterschieden ist. Daraus entsteht das, was als „Metalogik" bezeichnet wird.

Whitehead und Russell griffen diese Gedanken auf, doch kehrten sie das Prinzip um und nahmen die Logik zu Hilfe, um die Mathematik zu erklären, woraus dann das entstand, was Hilbert später (1928) die „Metamathematik" nennen sollte: eine Sprache, dazu bestimmt, „die Mathematik auf eine sicherere Basis zu stellen".

Nicht anders sollte später Gregory Bateson sich der Logik bedienen, um das kommunikative Verhalten zu analysieren und um schließlich zu einer Konzeption zu gelangen, die er, mit einem Ausdruck Whorfs (1956), „Metakommunikation" nannte.

Das heißt also, daß seit Boole allgemein anerkannt ist, daß die Regeln sich auf einer anderen logischen Ebene befinden – eben auf einer „Meta"-Ebene – als die von ihnen beherrschten einfachen mathematischen Formeln oder logischen Schritte oder auch kommunikativen Handlungen.

Darüber hinaus wird immer klarer, daß zur logisch-mathematischen Erforschung der Mathematik (und nicht nur der Mathematik) Instrumente vonnöten sind, die ihrerseits strikt der logisch-mathematischen Strenge und keiner anderen, ihr äußerlichen Interpretationsweise gehorchen.

Die „Principia Mathematica"

Ausgehend von der Notwendigkeit einer Definition der logischen Stufen sowie der Notwendigkeit, eine Sprache ohne Vieldeutigkeiten zu verwenden – jener Ariadnefaden, der Leibniz zufolge dazu dienen sollte, „jedwede Diskussion auszuschließen, die nicht durch

19

einen Kalkül gelöst werden kann" -, gelangte Russell zur „Paradoxie der Implikation".

Diese Paradoxie bildet den zentralen Punkt der Russell'schen
Argumentation, wie sie sich in Werken wie „Die Prinzipien der
Mathematik" (1903), „Einführung in die mathematische Philosophie" (1919) und vor allem in den in Zusammenarbeit mit Alfred
North Whitehead entstandenen „Principia Mathematica" (1910)
darstellt. Die Paradoxie wurde später von den Autoren selbst
mithilfe des „Vicious-Circle-Principle" gelöst: indem sie nachwiesen,
daß ihr eine illegitime Totalität* zugrundeliegt.

Um einen Circulus vitiosus und also auch die daraus resultierende
unzulässige Totalisierung zu vermeiden, ist es Russell zufolge
notwendig, jede die Gesamtheit betreffende Aussage zuvor einzugrenzen. Um mittels einer nicht interpretierenden Metasprache das
Vorhandensein einer unzulässigen Totalisierung zu beschreiben,
bedient Russell sich der „Aussagefunktion", die sich von den
üblichen mathematischen Funktionen dadurch unterscheidet, daß
die Werte der Funktion mittels Aussagen ausgedrückt werden. Auf
diese Weise können die Aussagen in Form von mathematischen
Variablen dargestellt und also dem Kalkül unterzogen werden.
Praktisch kann jede Aussage in einen Wert der (entsprechenden)
Aussagefunktion konvertiert werden[1] (und ebenso können, im

---

* In Anlehnung an Russel und Whitehead, die den Begriff „totality" gebrauchen,
verwenden die Autoren im italienischen Original die Begriffe „totalità" und
„totalizzazione". Nach längerer Diskussion haben wir uns entschlossen, die im
deutschen Sprachgebrauch wenig gebräuchlichen Begriffe „Totalität" und „Totalisierung" zu übernehmen, da in neueren deutschen Übersetzungen englischspra-
chiger Werke zur mathematischen Logik „totality" mit „Totalität" und nicht mehr
mit „Gesamtheit" übersetzt wird und da die deutschen, z.T. auch im therapeutischen Sprachgebrauch verwendeten Begriffe „Verallgemeinerung" und „Generali-
sierung" den gemeinten Sachverhalt abschwächen würden (Anm. d. Übers. und
des Verlags).

[1] Der Skeptiker, der behauptet, er wisse nichts, verfällt in einen Widerspruch, den
man ihm leicht nachweisen kann, indem man ihn fragt, ob er wisse, daß er nichts
weiß. Wenn der Skeptiker diese Frage mit ja beantworten wollte, so wäre er in
der peinlichen Lage, damit seine vorhergehende Behauptung notwendig zu
verleugnen, denn entweder weiß er, daß er nichts weiß, oder er weiß nicht, daß er
nichts weiß (in beiden Fällen also kann er nicht behaupten, nichts zu wissen).
„Man darf um das Nichtwissen nicht wissen, sonst ist es nicht echt", sagt
Montaigne. Um seiner Behauptung Sinn zu verleihen, muß der Skeptiker sie

Bereich der menschlichen Beziehungen, alle nichtverbalen oder auch verbalen Kommunikationen konvertiert werden, sofern ihre Bedeutung, sei es auch nur teilweise, durch eine interpersonelle Beziehung bedingt ist).

Solcherart Aussagen, die mittels einer Funktion ausgedrückt werden, haben den gleichen Unbestimmtheitscharakter, oder wir können nun sagen: Ambiguitätscharakter, wie gewisse Aussagen, die man in Familien mit psychotischer Interaktion finden kann. So zum Beispiel indiziert die Aussage: „Jemand muß etwas sagen"[2], wenn sie vom identifizierten Patienten während einer therapeutischen Familiensitzung geäußert wird, daß dieses Familienmitglied erwartet und/oder fordert, daß jemand das Wort ergreife. Die Ambiguität der Aussage aber besteht in der Tatsache, daß dieser Patient nicht deutlich gemacht hat, ob nun die Mutter, der Vater, der Bruder oder der identifizierte Patient selbst etwas sagen soll. Der Einfachheit halber haben wir uns hier auf die verbal-inhaltliche Mehrdeutigkeit (Ambiguität) des Aussageinhalts beschränkt; untersucht man eine solche Botschaft jedoch auch auf ihre nichtverbalen Komponenten, so stellt sich meist heraus, daß sie noch viele andere Bedeutungen in sich trägt.

So zum Beispiel kann der Ton des identifizierten Patienten andeuten, daß mit allem, was bisher gesprochen wurde, nichts wirklich „gesagt" worden ist, daß also endlich damit begonnen werden müsse, die Dinge beim Namen zu nennen. Man kann den Satz auch als eine Drohung gegen jemanden (oder gegen alle) interpretieren, oder als den Versuch, eine Pause zu füllen, die den Anwesenden Unbehagen verursachen könnte – usw. Wir werden im folgenden sehen, welche Wichtigkeit dieser kommunikativen Mehrdeutigkeit im System zukommt.

Wie wir gesehen haben, wird eine Aussagefunktion durch eine Variable bestimmt (zum Beispiel die Variable x), die zahlreiche

---

eingrenzen und definieren, welches oder welcherart die Dinge sind, die er nicht weiß. In der Tat ist es offensichtlich absurd, vorzugeben, von *nichts* etwas zu wissen (unzulässige Totalisierung). Eine Aussagefunktion ist definiert als „etwas, in dem die Variable x enthalten ist und das eine Aussage ergibt, sobald dem x ein Wert zugeordnet wird" („Principia Mathematica", S. 38).

2 Eine solche Äußerung kann ebenso in Form einer Aussagefunktion ausgedrückt werden: „x muß etwas sagen": das x stellt in diesem Fall die Variable dar, aus deren Undefiniertheit die Mehrdeutigkeit der Aussage resultiert.

Werte annehmen kann. Alle Werte, die einem x zugeschrieben werden können, damit die Aussagefunktion eine Bedeutung erhält (Wertableitung einer Funktion) bilden einen *logischen Typ*.

Der *erste Typ* (der unterste) wird durch einen einzelnen Terminus oder ein einzelnes Individuum dargestellt.[3]

Der *zweite Typ* konstituiert sich aus dem Miteinander von Individuen, die eine Aussagefunktion erfüllen: sie bilden zusammen eine Klasse.[4]

Der *dritte Typ* ist eine Klasse, deren Elemente ebenfalls bereits Klassen sind; es handelt sich also um eine Klasse von Klassen.[5]

Russell begründet seine Einteilung der Objekte in Typen mit der Notwendigkeit, Trugschlüsse im Sinne eines Circulus vitiosus oder einer unzulässigen Totalisierung zu vermeiden. Solche Trugschlüsse kommen durch die systematische Ambiguität[6] einiger Termini zustande, zu denen Russell auch die Konzepte von Wahrheit, Falschheit, Funktion, Klasse, Relation, Namen, Definition usw. zählt.

Die Ambiguität kann zu einer Verletzung der Typenregel führen, aus der sodann der Trugschluß entspringt: Tatsächlich kann ein und dasselbe Individuum nicht in dem einen Typ und, wegen seiner Ambiguität, auch im übergeordneten Typ enthalten sein. Eine Aussagefunktion kann in ihrem Innern nicht eine Aussage enthalten, in der sie selbst enthalten ist; noch kann eine Klasse in ihrem Innern eine Klasse von Klassen enthalten (Paradoxie der Klassen). Mit anderen Worten dürfen, wie Russell erklärt, „alle Aussagen, die eine zulässige Variable enthalten, nicht in der Ableitung der Werte dieser Aussage enthalten sein; sie müssen also einem anderen logischen Typ angehören" (Russell und Whitehead, 1910, S.161).

---

[3] Russell zufolge ist ein Individuum „etwas, das für sich allein besteht" („Principia Mathematica", S. 162).

[4] Man kann den Begriff der „Klasse" auch durch den uns geläufigeren Begriff der Relation erklären: „Alle Termini oder Individuen, die mit anderen Termini oder Individuen in einer beliebigen Realtion r stehen, bilden eine Klasse" (Russell, 1903).

[5] Wenn eine Klasse analog zum Begriff der Relation verwandt werden kann, so ist eine Klasse von Klassen eine *Relation unter Relationen*.

[6] Die systematische Mehrdeutigkeit resultiert daraus, daß diese Termini die Eigenschaft haben, mehreren logischen Typen zugleich angehören zu können.

Eine Klasse kann also nicht ein Element ihrer selbst sein; eine Klasse von Klassen kann nicht einer der Klassen angehören, aus denen sie sich zusammensetzt; ein Name ist nicht identisch mit dem, was er bezeichnet, andernfalls, meint Bateson, „wäre es, wie wenn man die Speisekarte essen würde anstatt der Speisen selbst" (Bateson, 1972b, S. 304).

Abgesehen von einigen kritischen Beobachtungen, die sich hauptsächlich auf die Form bezogen, fanden die „Principia" bei den übrigen Forschern der mathematischen Logik und der Paradoxien große Anerkennung. Insbesondere wurde die von Russell aufgezeigte Notwendigkeit, das eigene Begriffssystem einzugrenzen, um nicht einer unzulässigen Totalisierung zu verfallen, aufgegriffen und weiterentwickelt.

In diesem Sinne muß Hilberts Entschluß verstanden werden, seine Ausführungen auf ausschließlich „finite" Verfahren zu beschränken, sie also auf die Grundlage einer wohldefinierten Anzahl von Funktionen und Gegenständen zu stellen (und nicht auf eine unendliche, wie dies in der Regel zuvor der Fall war).

Entsprechend müssen auch die Arbeiten jener mathematischen Logiker verstanden werden, die daran unmittelbar anknüpften, wie z.B. A. Church, A. Tarski, A. Turing und vor allem K. Gödel mit seinem Unvollständigkeitssatz.

Der Gödelsche Satz

Als Kurt Gödel im Jahr 1931 seinen *Unvollständigkeitssatz* entwarf, war er gerade 25 Jahre alt. Sein Werk blieb für einige Zeit so gut wie unbeachtet. Als ihm aber dann im Jahr 1952 die Universität Harvard den Ehrendoktor verlieh, wurde das Werk als eines der wichtigsten in der Entwicklung der modernen Logik gewürdigt.

In erster Linie zeichnet Gödels Arbeit sich dadurch aus, daß sie mit einer Metasprache arbeitet, die nur aus Zahlen besteht. Von den „Principia" ausgehend, entwickelte Gödel das dort aufgezeichnete System dahingehend weiter, daß er jede einzelne Formel und die entsprechenden Elementarzeichen in ebenso viele Zahlenausdrücke umwandelte.

Während Russell die Logik benutzt hatte, um die Mathematik zu definieren, benutzt Gödel nun die Mathematik selbst, um die Mathematik zu erklären. Darüber hinaus können mit der von ihm entwickelten Sprache nicht nur die einzelnen Ausdrücke, sondern, durch entsprechende Erweiterung, auch die Beziehungen zwischen den Ausdrücken dargestellt werden.

Um Gödels Ausführungen zu verstehen, muß man eine Vielzahl von vorausgesetzten Lehrsätzen kennen. Wir können uns darauf natürlich nicht einlassen, noch können wir Gödels Lehrsatz selbst darstellen; wir möchten uns vielmehr darauf beschränken, kurz einige bedeutsame Aspekte aufzuzeigen.[7]

Mittels seiner numerischen Metasprache prüfte Gödel die formalen Systeme, die bis dorthin zum Nachweis der Widerspruchsfreiheit der Mathematik benutzt wurden; insbesondere prüfte er das System der „Principia Mathematica". Dem großen und komplexen Räderwerk der „Principia" fügte Gödel ein kleines Rad hinzu, das, wie sich herausstellte, imstande war, den ganzen Mechanismus zum Stillstand zu bringen. Dieses kleine Rad bestand in der arithmetischen Formel G, die, in die landläufige Sprache übersetzt, so lautet: „Die Formel G ist nicht beweisbar." Wie in der Lügner-Paradoxie stehen wir also vor einer Formel, die ihre eigene Unbeweisbarkeit beweist (den pragmatischen Wert dieser Aussage werden wir im 5. Kapitel erörtern).

Gödel konnte zeigen, daß die Formel G, obwohl per definitionem unbeweisbar, wahr ist, sofern die Mathematik widerspruchsfrei ist. Daraus resultiert die überraschende Schlußfolgerung, daß nicht nur die „Principia", sondern jedes deskriptive formale System der Mathematik, auch das allerkomplexeste, in seinem Inneren unbeweisbare Voraussetzungen enthält und daß es also unvollständig ist.

Indem Gödels Theorem das Vorhandensein von unbeweisbaren Voraussetzungen (in widerspruchsfreien formalen Systemen) beweist, kehrt es seine paradoxe Natur hervor; Watzlawick (1981, S.329) bemerkte, daß Gödels Argumentation beweist, „daß man über das Unentscheidbare entscheiden kann."[8]

---

[7] Eine ausgezeichnete, genaue und zugleich relativ leicht verständliche Darstellung des Unvollständigkeitssatzes ist in dem Aufsatz von Nagel u. Newman: „Gödels Beweis" (1958) zu finden.

[8] Wir werden sehen, daß das Unentscheidbare, das Kennzeichen einer Reihe von

Manch einer hat daraus die Schlußfolgerung ziehen wollen, Gödels Theorem habe das Begriffsgebäude der exakten Wissenschaften zum Einstürzen gebracht; doch ist diese Schlußfolgerung durchaus ungerechtfertigt. Denn in der Tat beschränkt Gödel sich darauf, die Unvollständigkeit jener Systeme zu beweisen, die als ausreichend gelten, „über *alle* mathematischen Probleme, die formal ausgedrückt werden können, zu entscheiden" (1931, S. 173). Kurz, Gödels Angriff gilt den allumfassenden Systemen, und er zeigt deren Verwundbarkeit auf mittels einer Paradoxie, die ihre Unvollständigkeit beweist. Auch die Schwachstelle der „Principia" wird nun sichtbar: Offensichtlich sind auch Whitehead und Russell beim Versuch, alle Paradoxien auszuschalten, einer unzulässigen Totalisierung verfallen.

Der Fehler der „Principia" liegt im Anspruch, jede Form des Paradoxes aus der menschlichen Vernunft zu verbannen. Die Wichtigkeit des Werkes bleibt dennoch bestehen, einmal wegen der Konstruktion der Typenlogik, vor allem jedoch, weil es das Wesen der Paradoxie erfaßt hat. Und als Gödel die Unvollständigkeit des Whitehead-Russellschen Systems bewies, bestätigte er damit zugleich die Gültigkeit des *Prinzips der unzulässigen Totalisierung*, das ein Eckpfeiler der Logik und, wie wir sehen werden, auch der Pragmatik ist.

Die neue Logik

Das System der „Principia", von den einen kritisiert, von den anderen gepriesen, hat der Erforschung der Logik einen starken Auftrieb gegeben, der schließlich zu dem führte, was heute die „moderne Logik" („modern logic") genannt wird. Diese neue Logik zeichnet sich vorrangig durch die folgenden drei Charakteristika aus:

a) durch die beständige Präsenz einer *Metasprache,* die von der sogenannten „Objektsprache" unterschieden ist. Diese Unterscheidung zwischen dem Objekt, das Gegenstand der Forschung ist, und dem Diskurs über dieses Objekt ist (wie die „Principia" uns gelehrt

---

menschlichen Beziehungen ist, sogar notwendigerweise entschieden werden muß (und nicht nur entschieden werden kann).

haben) notwendig, um nicht den Paradoxien zu verfallen, die die Behauptungen unentscheidbar machen würden;

b) durch den Gebrauch einer *künstlichen Sprache* mit formalen Regeln, die eigens zu dem Zweck ausgearbeitet wurde, den Diskurs zu vereinfachen und die semantischen Fallgruben der konventionellen Sprache zu umgehen.[9] Da die künstliche Sprache leichter in Regeln gefaßt werden kann, erlaubt sie eine größere syntaktische Genauigkeit;

c) durch die *Objektivität* des logischen Vorgehens, die durch die radikale Ablehnung jeglicher subjektiver Wertung und vor allem jeglichen interpretativen Verhaltens erreicht wird.

Diese Charakteristika der neuen Logik, die zu einem guten Teil der von den „Principia" ausgelösten Revolution zu verdanken sind, geben uns eine Ahnung davon, in welchem Maße das von Russell und Whitehead dargelegte System die Erforschung des menschlichen Verhaltens im allgemeinen und seiner Beziehungen im besonderen beeinflußt hat.

In diesem Sinne wird in den Theorien menschlicher Beziehungen:

a) besonderer Nachdruck auf die Untersuchung *menschlicher Metasprachen* wie etwa Spiel, Kunst, Metakommunikation gelegt, um das Interaktionsverhalten zu begreifen, und nach geeigneten Sprachmodi zu dessen Beschreibung gesucht;

b) die Entwicklung von (immer präziseren) *künstlichen Sprachen* vorangetrieben, unter denen die der ‚Allgemeinen Systemtheorie' von Bertalanffy (1968) gewiß die bedeutsamste ist[10];

c) den Methoden der Untersuchung von Beziehungsmodellen immer mehr eine *objektive* und also nicht mehr interpretative Ausrichtung gegeben.

Diese Entwicklung läßt den tiefgreifenden Einfluß erkennen, den die „Principia" sowohl auf die Pragmatik als auch auf die epistemologischen Methoden der Beziehungsforschung ausgeübt haben.

---

[9] So zum Beispiel hat die *Disjunktion,* die in der natürlichen Sprache mit dem Wort „oder" ausgedrückt wird, in den formalen Sprachen meist mindestens drei verschiedene Termini, denen ebensoviele Bedeutungen entsprechen, die jedoch in unserer üblichen Sprache undeutlich bleiben.

[10] Man vergißt zuweilen, daß diese Theorie nach Willen ihres Autors eine Metasprache sein soll, die die Verständigung der wissenschaftlichen Epistemologien untereinander ermöglichen soll.

Bateson, der die Typenlehre als Fundament für seine Lernforschungen und seine Theorie des Double-bind benutzte, ist die Bedeutung der „Principia" gewiß nicht entgangen, und möglicherweise hat er ihre Anwendungsmöglichkeit auf die menschlichen Verhaltenssysteme besser durchschaut als die Autoren selbst: „Ob sich Russell und Whitehead bei ihrer Arbeit an den ‚Principia' überhaupt dessen bewußt waren, daß der Gegenstand ihres Interesses von entscheidender Bedeutung für das Leben menschlicher Wesen und anderer Organismen war, weiß ich nicht. Whitehead wußte sicher, daß es menschliche Wesen amüsieren und daß Humor aufkommen konnte, wenn man mit den Typen herumspielte. Aber ich bezweifle, daß er jemals den Schritt von der Freude an diesem Spiel zu der Einsicht tat, daß dieses Spiel nicht trivial war und Licht auf die gesamte Biologie werfen würde" (Bateson, 1982, S.146).

Wie auch immer: Seit den „Principia" kommt die Logik zur *Anwendung*. Die Logiker haben stets betont, daß die Bedeutung ihrer Disziplin vor allem in der Anwendung liege; in Wirklichkeit jedoch war der Einfluß der Logik auf die Welt der Pragmatik stets eher indirekt. Die neue Logik hingegen wird in den verschiedensten Bereichen mit bemerkenswertem Erfolg angewandt, in erster Linie im Bereich der Kybernetik.

Von der Anwendung der Logik und insbesondere von ihrer Ausdehnung auf die Pragmatik soll in den folgenden Kapiteln die Rede sein.

3. Kapitel

Die rekursive Kette

Entgegengesetztes steht im Einklang zu Entgegengesetztem, und herrlich ist die Harmonie der Diskordanzen.

(Heraklit)

Logik und Pragmatik

Es ist gewiß sehr ungewöhnlich, daß eine Wissenschaft, die es sich zum Ziel gesetzt hat, Widersprüche und Ambiguitäten aufzugreifen und zu lösen, selbst einen ambiguen Namen hat: Das Wort „Logik" ist ethymologisch dem griechischen „logos" verbunden, was soviel bedeutet wie Wort, Rede, zugleich aber Gedanke, Begründung.

In Wahrheit erstreckt sich die Ambiguität der Logik auch auf ihr eigenes Interessengebiet: Beschäftigt sie sich mit der Rede, mit Gedanken oder mit wirklichen Problemen? Eine annehmbare Antwort auf diese Frage ist vielleicht die, daß die Logik sich genau am Kreuzpunkt zwischen den Denkvorgängen und deren Anwendung auf die Probleme des täglichen Lebens befindet.

Die neue Logik hat diese doppelte Neigung noch verstärkt und daraus eine Tugend gemacht: Sie ist zu einem Instrument der wissenschaftlichen Analyse geworden, das im allgemeinen zur Erforschung der theoretischen Voraussetzungen der Wissenschaft und ihrer praktischen Anwendbarkeit dient. Der Logos ist „die diskursive Entwicklung der Ordnung und der Organisation", sagt Edgar Morin (1977), der dessen Bedeutung für die Erforschung der Organisationen und Systeme erfaßt hat. So nähert sich die Logik der Pragmatik. Die Regeln des Denkens und die Regeln des Verhaltens ergänzen sich wechselseitig.

Möglicherweise hatte Bateson diese wechselseitige Ergänzung vor Augen, als er den Begriff der „Epistemologie" definierte: „Ein Zweig der Wissenschaft, der mit einem Zweig der Philosophie verbunden ist. Als Wissenschaft ist die Epistemologie die Untersuchung der Frage, auf welche Weise besondere Organismen oder Aggregate von Organismen erkennen, denken und entscheiden. Als Philosophie ist die Epistemologie die Untersuchung der notwendigen Grenzen und der anderen Charakteristika der Prozesse des Erkennens, Denkens und Entscheidens" (1984, S. 273).

Zweifellos kommt Gregory Bateson das Verdienst zu, früher und gründlicher als andere Forscher die Notwendigkeit einer wechselseitigen Ergänzung von Logik und menschlichem Verhalten erkannt zu haben (Bateson, 1942, 1952, 1955, 1960a, b, 1966, 1971 a, b, 1972 a, b, 1976, 1978, 1979; Bateson und Ruesch, 1951; Bateson, Jackson u.a., 1963). Bateson hat entdeckt, daß in der Paradoxie und in der Typenlehre Logik und Pragmatik sich treffen. Wir möchten versuchen, seine These hier darzustellen, und wir werden mit der Erläuterung einiger Begriffe beginnen, die notwendig sind, um die Paradoxie, ihre logischen Voraussetzungen und ihre Auswirkungen auf der pragmatischen Ebene der menschlichen Beziehungen zu begreifen.

Die Ambiguität

Paul Watzlawick hat eine bemerkenswerte Analogie zwischen den menschlichen Beziehungen und dem mathematischen Konzept der Funktion hergestellt (Watzlawick, Beavin und Jackson, 1967, S.17-20). Es handelt sich dabei nicht nur um eine bloß formale Analogie (die Funktion wird von der Relation zwischen zwei oder mehr Variablen gebildet), sondern umfaßt auch die epistemologischen Implikationen der beiden Bereiche.

Der Übergang von der Zahl oder endlichen Größe zur Funktion, das heißt, zu *einer Variablen, der nur dann ein Wert zugeordnet werden kann, wenn sie in Beziehung zu anderen Variablen gesetzt wird,* hat eine Wende des mathematischen Gedankens heraufbeschworen, die in vielerlei Hinsicht der Wende in der Verhaltensforschung vergleichbar ist, als zum traditionellen Konzept des Individuums das der Beziehung hinzugetreten ist.

Über die Funktion schreibt Russell: „Die Frage, welcher Natur eine Funktion sei, ist in der Tat nicht leicht zu beantworten; es scheint jedenfalls so, als sei die wesentliche Eigenschaft der Funktion die Ambiguität" (Russell und Whitehead, 1910, S.39).

Die Ambiguität ist ein weiterer wichtiger Punkt, in dem der Begriff der Funktion sich mit dem der Beziehung trifft, und besondere Bedeutung gewinnt dies im Bereich der interpersonellen Beziehungen. In der Tat ist auch die interpersonelle Beziehung „ambigue" – oder wie es in diesem Zusammenhang besser heißen müßte: ambivalent –, da sie (in Abhängigkeit vom Lebenszyklus des Individuums) in Bedeutungs- und Interaktionsmodalitäten ständige und oft entscheidende Veränderungen durchmacht, die nie ein für allemal definiert werden können.

Ambiguität manifestiert sich vor allem in der analogen Kommunikation: Unter problematischen Umständen und in den Entwicklungsphasen einer Beziehung wird diese Form der Kommunikation vorherrschend. In der analogen Kommunikation können ein Wort, ein Satz, ein Verhalten, eine Metakommunikation, verbaler und/ oder nicht verbaler Art, gleichzeitig verschiedene Bedeutungen annehmen.

In dieser Hinsicht ist die Ambiguität von gewissen Termini oder wechselseitigen Modalitäten nicht nur unvermeidbar, sondern in einem gewissen Maße sogar wünschenswert.

Tatsächlich sagt Russell: „Wenn wir Worte von typenlogischer Ambiguität benutzen, so versetzt uns das in den Stand, eine Kette von Überlegungen auf jeden von einer unendlichen Anzahl von Fällen anzuwenden; und dies wäre nicht möglich, wenn wir auf Worte und Symbole mit typenlogischer Ambiguität verzichten würden" (a.a.O., S. 65).

Ambiguität ist also notwendig, wenn wir einen Terminus begreifen oder beschreiben wollen, der möglicherweise ein sehr breites oder gar unendliches Spektrum von Werten besitzt. Ähnliches gilt für die menschlichen Beziehungen, in denen das breite oder gar unendliche und undefinierbare Spektrum von möglichen Verhaltensweisen des einen Individuums mit dem ebenso breiten Spektrum von Verhaltensweisen des anderen Individuums in Beziehung tritt.

Die Bedeutung der ambiguen und schwer definierbaren Botschaften ist so groß, daß wir ohne sie jeglicher Imagination, jeglichen Humors, Symbols, künstlerischen Ausdrucks, kurz, aller zutiefst menschlichen Eigenschaften beraubt wären und uns mit einem skelettartigen, mechanischen Kodex, ähnlich dem Morse-Alphabet, bescheiden müßten.

Die Kontradiktion

Die Ambiguität ist logische Voraussetzung und Grund für ein wichtiges pragmatisches Phänomen: nämlich die Reaktion eines Individuums, das im ambiguen Verhalten eines anderen Individuums einen Widerspruch (eine Kontradiktion) erkennt. Wenn eine Beziehung zwischen zwei Menschen von Wichtigkeit ist, so nimmt jedes ambigue Signal die Eigenschaft eines Widerspruchs zwischen zwei oder mehr einander diametral entgegengesetzten Alternativen an.

Einander widersprechende Alternativen aber erregen Bestürzung, Zweifel, Verdacht und schließlich das Bedürfnis, dem Verhalten einer Person, der man emotional eng verbunden ist, eine weder mehrdeutige noch widersprüchliche Bedeutung zuzuschreiben.

Wenn der Ehemann zu verspäteter Stunde nach Hause kommt und seiner Frau sagt, er sei von einem Kunden so lange aufgehalten worden, so wird die Ehefrau die Nervosität, die durch seine selbstverteidigende Aussage durchscheint, als eine ambigue Botschaft auffassen, der zwei alternative Begründungen zugeordnet werden können: a) er hat ein schlechtes Gewissen, weil er sie von der voraussichtlichen Verspätung nicht unterrichtet hat; b) er hat ein schlechtes Gewissen, weil er lügt.

Da der Mensch jedoch Widersprüche in der Regel nur schlecht ertragen kann, tendiert er dazu, eine klare, gesicherte Wahrheit herauszufinden. Die Ehefrau wird daher nach geeigneten Indizien suchen, um ihre Zweifel zu lösen und festzustellen, welche ihrer beiden Annahmen die wahrscheinlichere ist.

In solchen Fällen, wie auch in denen der Ambiguität, reicht die einfache Kontradiktion nicht aus, um eine Paradoxie zu erzeugen; und es sind nicht genügend Elemente vorhanden, um daraus die Pathologie einer Beziehung zu konstruieren.

„Wir müssen uns davor hüten", mahnt Mehrabian (1981, S. 86), „undeutliche Botschaften mit psychologischen Störungen gleichzusetzen. Aufgrund der sozialen Regeln und dem allgemeinen Verbot, Gefühle auszudrücken (vor allem solche negativer Art), sind die Menschen oftmals gezwungen, widersprüchliche Botschaften auszusenden. Sie können sich ihrer bedienen, um eine wirksame Kommunikation herzustellen, oder auch nur, um unterhaltsam zu sein."

In unseren Bemühungen, Botschaften stets auf einen einheitlichen Sinn festzuschreiben, vernachlässigen wir eine Tatsache, die unseren Kommunikationsweisen wesentlich ist: nämlich die, daß in der Kommunikation stets eine Vielzahl von Möglichkeiten enthalten ist.

Um dies zu erläutern, führt Ashby ein sehr einleuchtendes Beispiel an: Die Frau eines Gefangenen möchte ihrem Mann mittels einer Tasse Kaffee die Nachricht übermitteln, daß sein Komplize gefaßt worden ist. Der Gefängniswächter aber möchte verhindern, daß die Botschaft den Gefangenen erreicht: „Zu diesem Zweck wird der Gefängniswärter mehr oder minder folgende Überlegungen anstellen: 'Sie könnte mit ihm ausgemacht haben, es ihm dadurch mitzuteilen, daß sie den Kaffee zuckert oder nicht; und um diese Möglichkeit auszuschalten, genügt es, viel Zucker in den Kaffee zu schütten und ihn dies auch wissen zu lassen. Wenn sie hingegen ausgemacht haben, daß sie, um ihm die Botschaft zu übermitteln, einen Löffel beilegen würde oder nicht, so kann man einfach den Löffel wegnehmen und behaupten, daß laut Vorschrift keine Löffel zum Kaffee gereicht werden dürfen. Wenn sie sich hingegen dahingehend verständigt hätten, daß sie ihm Tee statt Kaffee schicken würde, könnte man ihnen so beikommen, daß man behauptet, es dürfe um diese Tageszeit nur Kaffee an die Gefangenen weitergegeben werden.' Die Überlegungen des Gefängniswärters könnten noch beliebig lang fortgeführt werden, doch das, worauf es ankommt, ist, daß er, um die Kommunikation der Botschaft zu verhindern, die vielen Möglichkeiten jeweils auf eine einzige reduziert: der Kaffee immer gezuckert, Löffel niemals, stets nur Kaffee, und so weiter. Je schneller die Möglichkeiten auf eine einzige reduziert werden, um so früher ist die Kommunikation verhindert, und das Getränk ist seiner Macht, Botschaften zu übermitteln, beraubt." (Ashby, 1956, S.156).

Ashby betont, daß die Übermittlung und Bewahrung einer Information zwar an ein einzelnes Element gebunden sein kann, daß sie aber zwangsläufig von einer Vielzahl von Möglichkeiten abhängt: „Die Kommunikation setzt notwendigerweise eine Menge von Botschaften voraus; und nicht nur das, die Information, die durch eine Botschaft übermittelt wird, hängt von der Menge ab, aus der diese Botschaft stammt. Die übermittelte Information ist nicht ein intrinsisches Eigentum der einzelnen Botschaft" (a.a.O., S.157).

Die Ebenen

Angesichts einer Botschaft des ambiguen Typs tendiert man dazu, zwischen den vielen Bedeutungen zwei auszuwählen, die antithetisch zueinander stehen; sodann wird man, aus dem Bedürfnis nach Eindeutigkeit, sich für eine der beiden konträren Bedeutungen entscheiden. Aus dieser Beobachtung ist zu schließen, daß Ambiguität und Kontradiktion dem anderen *immer* die Möglichkeit zur Wahl, sei sie auch irrig, zwischen den verschiedenen möglichen Definitionen der Beziehung bieten.

Wir sagten: 'immer', doch entspricht dies der Wahrheit? Kann man tatsächlich unter allen Umständen auswählen? Um diese Frage korrekt zu beantworten, muß zuvor der Begriff der *Ebene** erörtert werden.

Wir wissen, daß dieser Begriff das Resultat von tiefgreifenden Umwandlungen ist, die sich in der modernen Logik abgespielt haben. Im Gebiet der systemischen Psychotherapie hat die Erfahrung mit den Familien von Schizophrenie-Kranken viele Wissenschaftler dazu bewogen, sich mit dem Begriff der Ebene auseinanderzusetzen. Die Versuche, die Interaktionen dieser Familien auf einer einzigen Ebene zu begreifen, erwiesen sich als gänzlich ungeeignet. Angesichts solcher Komplexität war es unumgänglich, auf das Konzept der Stufen- oder Ebenen*vielfalt* zurückzugreifen.

In den vielen Arbeiten, die auf diesem Konzept basieren, bleibt leider häufig unklar, welcher Stufentyp jeweils herangezogen wird. Der Begriff der Stufe oder Ebene, der für sich genommen eher allgemein ist, hat aus diesem Grunde recht verschiedene Bedeutungen angenommen, die sich kaum je auf einen Nenner bringen lassen.

---

* Im italienischen Original: „livello". Das Wort „livello" bedeutet Stufe und Ebene zugleich (es entspricht dem englischen „level" und in etwa dem französischen „niveau"). Die Übersetzung ins Deutsche steht vor der Schwierigkeit, daß in der mathematischen Logik der Begriff „Stufe" gebräuchlich ist, während die Psychotherapie meist den Begriff „Ebene" benutzt. Wir möchten uns hier dem Sprachgebrauch der Psychotherapeuten anpassen und ebenfalls den Begriff „Ebene" verwenden. Wo jedoch von Ebenen die Rede ist, sind stets abgestufte Ebenen gemeint, die in einem hierarchischen Verhältnis zueinander stehen. (Anm. d. Übers.)

Dies sind die Typen, die von der gängigen Literatur am häufigsten gebraucht werden:
a) Kommunikationsebenen;
b) Kodierungsebenen;
c) Inhalts- und Beziehungsebenen;
d) Organisationsebenen;
e) Strukturelle Ebenen;
f) Logische Ebenen.
Da ein unspezifischer Gebrauch dieser verschiedenen Ebenen bereits viel Verwirrung angestiftet hat und weiterhin anstiften kann, möchten wir in Kürze die Eigenschaften der einzelnen Ebenen darstellen.

Kommunikationsebenen

Dieser Typ von Ebene ist am häufigsten ungenauen Beschreibungen zum Opfer gefallen. Er wird sowohl als die abstrakteste wie als die konkreteste, vor allem aber ebenso als verbale wie als nichtverbale Form der Kommunikation dargestellt. Diese Fehleinschätzung entspringt einer irrigen Auffassung der verbalen und der nichtverbalen Kommunikation, die beide nicht auf verschiedenen Ebenen stehen, sondern nur über verschiedene *Kanäle* laufen, wie Sluzki deutlich gemacht hat: „Im Nachhinein gesehen ist klar, daß wir unsere Versuche, die Wechselseitigkeit und gegenseitige Beeinflussung der Kanäle in dialektischen Termini zu verstehen, auch auf die Theorie der Kommunikationsebenen ausgedehnt haben, die dafür jedoch nicht geeignet sind" (Sluzki und Ransom, 1976, S.378).
Die Vorstellung der Ebene (im Sinne einer Stufe) ist notwendig mit einer Hierarchie verbunden, hingegen kann man schlecht behaupten, daß ein Kanal „höher" steht als der andere.

Kodierungsebenen

Wir beziehen uns hierbei auf die *analogen* und *numerischen* oder auch digitalen Codes.
Der analoge Code ist kontinuierlich, während der numerische aus diskreten Elementen besteht und durch Unterbrechungen gekennzeichnet ist, die für die von diesem Code übermittelte Information selbst von entscheidender Bedeutung sind.

Auch diese beiden Code-Typen können nicht hierarchisch geordnet werden. Beide erlauben die Sendung und den Empfang einer unendlichen Zahl von Botschaften[1] und stehen komplementär zueinander. Darüberhinaus gibt es weitere Codices, die typisch sind für die menschliche Kommunikation: der *ikonische* Code (der sich konkreter Bilder bedient) und der *metaphorische* Code (der abstrakte Bilder benutzt). Diese Codices gehören einer höheren Stufe an als der analoge und der numerische, da sie aus einer (dem Fall entsprechend abgewogenen) Kombination von numerischen und analogen Elementen resultieren.

Endlich muß daran erinnert werden, daß alle Kodierungsstufen stets über den ihnen vorhergehenden Kommunikationsstufen stehen. Der Code ist per definfitionem eine aus Regeln bestehende Metasprache, dazu bestimmt, die Verständigungsmöglichkeiten zu verbessern.

Inhalts- und Beziehungsebenen

Während der Begriff der Kommunikationsebene unkorrekt ist (wir haben gesehen, daß man besser von „Kanälen" sprechen sollte), ist der Begriff der *Inhalts-* und der *Beziehungsebene* durchaus zulässig. Die Beziehungsebene ist der inhaltlichen selbstverständlich übergeordnet: Denn während die letztere bloße Informationen enthält, übermittelt die erstere *Informationen über diese Informationen.*

Organisationsebenen

Innerhalb eines Systems ist die Organisationsebene diejenige, die die hierarchische Zuordnung der Kompetenz, Funktion und Macht herstellt. Im Familiensystem geschieht diese organisatorische Verteilung auf der Basis der Generationenunterschiede. In dysfunktionalen Familien ist die Generationenordnung zuweilen durchbrochen.

---

[1] Wir möchten jedoch präzisieren, daß der analoge Code über eine sehr viel größere Anzahl von Ordnungsmöglichkeiten verfügt als der numerische Code.

Strukturelle Ebenen

Ein System ist mit bestimmten strukturellen Eigenschaften ausgestattet, die erlauben, es in verschiedene strukturelle Ebenen einzuteilen. So läßt sich nach oben hin ein „Übersystem", ein „Überübersystem" etc., nach unten ein „Untersystem", ein „Unteruntersystem" etc. unterscheiden.

Logische Ebenen

Zur Definition dieser Ebene wird für gewöhnlich die logische Typenlehre herangezogen, wie sie von Russell (1908) entwickelt, doch von Peano und Schröder schon vorbereitet wurde.

Das Ziel dieser Theorie bestand darin, Trugschlüsse im Sinne eines „Circulus vitiosus" zu vermeiden, die dann auftreten, wenn jener Grundsatz verletzt wird, demzufolge „keine Gesamtheit Elemente enthalten kann, die nur mittels dieser Gesamtheit definierbar sind". Damit dieser Grundsatz gewahrt bleibt, darf eine Gesamtheit oder Menge, die in ihrem Inneren eine bestimmte Variable enthält, selbst nicht einen möglichen Wert dieser Variablen darstellen.

Die erste logische Stufe (der *erste Typ*) besteht nur aus Termini oder Individuen. Der *zweite Typ* setzt sich aus den Individuen plus ihren Beziehungen untereinander zusammen, der *dritte Typ* aus der Zusammensetzung dieser Zusammensetzungen des zweiten Typs, und so weiter.

Die rekursive Kette

Die Komplexität

Nicht in allen Typen, die wir soeben beschrieben haben, stellt sich eine solche einfache Stufenordnung her, in dem Sinne, daß die eine Stufe schlicht über der anderen steht. Es kann passieren, daß wir uns einer *komplexen* Hierarchie gegenüber sehen. In einer Hierarchie der Komplexität steht die unterste Stufe nicht nur tiefer als die nächsthöhere, sondern ist in dieser auch enthalten, und die höhere Stufe ist komplexer als die untere, doch ist sie weniger komplex als die höherstehende, in der sie ihrerseits enthalten ist.

Ähnlich einem chinesischen Schachtelspiel ist also *die höchste Stufe zugleich die komplexeste und enthält in ihrem Inneren alle weniger komplexen Stufen.* Die logischen und die strukturellen Stufen sind nach dem zunehmenden Grad ihrer Komplexität geordnet, und die unteren, weniger komplexen Stufen sind in den oberen enthalten. Im Grunde also sind sowohl die logischen wie die strukturellen Stufen oder Ebenen nichts anderes als unterschiedliche Ausformungen (nämlich logisch im ersten und pragmatisch im zweiten Fall) ein und derselben Ordnung: einer *Hierarchie der Komplexität.*[2]

Alle anderen Ebenen sind nach einer *einfachen Hierarchie* geordnet, mit Ausnahme der ikonischen und metaphorischen Codices, die, wie wir gesehen haben, von höherer Komplexität sind als die digitalen und analogen Codices, aus denen sie zusammengesetzt sind.

Die nach dem Gesichtspunkt der Komplexität geordneten Ebenen sind (unter allen möglichen Ebenen) die einzigen, in denen es zu einer Paradoxie kommen kann. *Eine Paradoxie entsteht nur dann, wenn ein weniger komplexer Terminus so beschaffen ist (nämlich ambigue), daß er in seinem Inneren einen komplexeren Terminus enthält, in dem er seinerseits, in noch komplexerer Weise enthalten ist.* Hingegen gelangt man niemals zu einer Paradoxie, wenn ein Begriff, ein Code, eine Beziehung oder ein System von höherer Komplexität in ihrem Inneren einen einfachen oder weniger komplexen Terminus enthalten.

Der stochastische Prozeß

Ebensowenig entsteht eine Paradoxie, wenn die Ambiguität und die daraus resultierende Kontradiktion sich innerhalb einer einzigen Stufe oder innerhalb Stufen von einfacher hierarchischer Ordnung abspielen. In einem solchen Fall kommt es vielmehr zu einer Folge von Ereignissen, die zusammen eine *stochastische Kette* bilden.

Eine Folge von Ereignissen ist dann *zufällig* (mit „*randomness*"

---

[2] Die hierarchische Komplexität enthält noch weitere Elemente, die sich beim Übergang von einer Stufe zur anderen ergeben: a) zusätzliche Elemente, die vor dem Übergang zur nächsthöheren oder nächsttieferen Stufe in diesen noch nicht enthalten waren; b) negative Elemente, die beim Übergang von einer Stufe zur anderen verloren gehen. S. dazu Morin (1977), S. 136ff.

ausgestattet), wenn die Ereignisse, aus denen sie zusammengesetzt ist, alle den gleichen Wahrscheinlichkeitsgrad aufweisen (gleichwahrscheinlich eintreffen können). In diesem Falle ist es nämlich praktisch unmöglich, die zukünftige Entwicklung der Ereignisse vorauszusehen: Eine sogeartete Folge erzeugt eo ipso keine Informationen.

Ein System kann gleichwohl mit einer solchen zufälligen Folge operieren, und zwar mittels einer Reihe von Versuchen und Irrtümern, d.h. mittels eines Auswahlverfahrens mit nachfolgender Organisation der ausgewählten Ereignisse, die auf diese Weise in Informationen verwandelt werden.

Dieser Prozeß (der ein Prozeß des Lernens oder, wenn er Ebenen von sehr hoher Komplexität erreicht, ein Evolutionsprozeß ist, s. Bateson, 1979, S. 147 ff.), wird eine stochastische Kette genannt.[3]

Tatsächlich tragen Begriffe, Botschaften, Reize, Ereignisse von ambiguer Art stets eine ganze Reihe gleichwahrscheinlicher Elemente in sich. Wenn wir zur Kontradiktion übergehen, so tun wir damit den ersten Schritt im selektiven Prozeß, indem wir die Reihe auf zwei einander konträre Elemente reduzieren, die auf der gleichen Stufe stehen, da sie gleichermaßen wahrscheinlich sind. Der Prozeß geht voran, indem von den beiden gleichwahrscheinlichen Elementen einem der Vorzug gegeben wird (Versuch): Wenn diese Wahl sich als zutreffend erweist, wird sie beibehalten, andernfalls (im Falle eines Irrtums also) wird sie entsprechend korrigiert (Lernen).

Mittels eines stochastischen Prozesses gelangt man so von einer nichtinformativen Folge zu einer informativen Folge.

Die rekursive Kette

Alle Informationen, die im Laufe eines stochastischen Prozesses erworben werden, beeinflußen die weiteren Auswahlschritte; sie bilden so eine *rekursive Kette.*

Wenn eine Mutter zu ihrem Kind sagt: „Du bist ein kleines

---

3 Der Terminus „stochastisch" stammt vom griechischen στοχαζομαι, „zielen, ein Ziel anpeilen" (mit Pfeil oder Speer); ein Prozeß ist dann stochastisch, wenn er auf einer progressiven, nach der Versuch-und-Irrtum-Methode sich abwickelnden Selektion einer zufälligen Folge beruht.

Ungeheuer" und sie diese inhaltliche Botschaft mit einer Beziehungsbotschaft verbindet – wie etwa einem liebevollen Ton der Stimme und einem stolzen und bewunderndem Blick, der vielmehr besagt: „Du bist wundervoll" –, so haben wir es auch hier mit einer Ambiguität zu tun, die zu einem Widerspruch zwischen zwei möglichen und einander konträren Bedeutungen der Botschaft führt.

Da der Widerspruch sich auf zwei verschiedenen Ebenen abspielt (auf der Inhalts- und der Beziehungsebene), die jedoch in einfacher Hierarchie zueinander stehen, wird nicht eine Paradoxie, sondern lediglich eine einfache Kontradiktion hergestellt, die mittels der rekursiven Kette, wie wir sie gerade beschrieben haben, leicht gelöst werden kann.

Wenn das Kind bis dahin noch keine entsprechende Erfahrung gemacht und gelernt hat, welche Bedeutung es dieser Art von Botschaft zumessen soll, kann es zwischen den beiden Möglichkeiten eine auswählen und diese dann, wenn sie sich als irrtümlich herausstellt, korrigieren, sobald es die dafür nötigen Bausteine beieinander hat. Doch sei sie nun falsch oder richtig, *die Wahl ist immer möglich;* der rekursive Zyklus (s.u.) ermöglicht uns also, die entsprechende Information zu erhalten, die wir dann in den folgenden Erfahrungen wiederverwenden können.

Auch der Therapeut geht nach den Regeln der Rekursivität vor, wenn er die ambivalenten Beziehungsmuster einer Familie durch Hypothesenbildung zu klären versucht. Wenn zum Beispiel ein Vater während einer therapeutischen Sitzung mit leicht zitternder Stimme seinen Sohn ausschimpft, weil dieser das Zimmer des Therapeuten in Unordnung bringt, so kann dieses Verhalten die verschiedendsten Bedeutungen haben, die alle gleich wahrscheinlich sind.

Um eine Hypothese zu formulieren, wählt der Therapeut zwei konträre Bedeutungen aus, zum Beispiel:

a) der Vater hat eine vorherrschende Position innerhalb der Familie inne, doch macht die Anwesenheit des Therapeuten ihn nervös;

b) der Vater möchte gegenüber dem Therapeuten eine vorherrschende Position an den Tag legen, da er weiß, daß er sie eigentlich nicht hat, sie aber gerne haben würde.

Welche der beiden Möglichkeiten der Therapeut für eine erste Hypothese auch aussuchen mag: Ambiguität und Kontradiktion werden seine Selektion der nützlichen Elemente nicht behindern, sondern den rekursiven Zyklus in Gang setzen, mit Hilfe dessen die aufgestellte Hypothese sich bestätigt oder als irrtümlich herausstellt und so auf alle Fälle in eine Information verwandelt wird.

Alle Ambiguitäten und Kontradiktionen, die wir in unseren Beispielen anführten, haben sich als einfach und nichtkomplex erwiesen.[4] Wenn aber, wie wir sehen werden, auf komplexer Stufe eine Kontradiktion eintritt, so wird damit die Wahl, zumindest im üblichen Sinne, unmöglich gemacht.

Bis zu diesem Punkt, wo es nur um einfache Ambiguitäten, Kontradiktionen und Hierarchien ging, blieb stets noch ein Ausweg offen; doch haben wir bisher nur die rekursive Kette durchlaufen und müssen uns nun in das gewundene Labyrinth der reflexiven Kette begeben, die uns zur Paradoxie führen wird.

[4] Wir möchten jedoch betonen, daß auch die einfache Ambiguität und Kontradiktion zu ihrer Lösung einer höheren Komplexitätsstufe bedürfen.

4. Kapitel

Die reflexive Kette

Die Unterscheidung zwischen Ursache und Wirkung gilt nur für einen bestimmten Fall; doch so wenig man diesen bestimmten Fall in seinem generellen Zusammenhang mit dem Ganzen des Universums bedenkt, so sehr verwirren und lösen sich Ursache und Wirkung im Gebiet der menschlichen Handlungen und Reaktionen, wo Ursache und Wirkung sich unablässig in Tanzschritten vorwärts bewegen und das, was hier und jetzt Wirkung ist, anderswo und in einem anderen Augenblick Ursache wird und umgekehrt.

(Engels, „Anti-Dühring")

Phänomene der Kreisbewegung

Das Interesse am Phänomen der Kreisbewegung nimmt im Gebiet der menschlichen Verhaltensforschung immer mehr zu und wird bereichert durch die Erkenntnisse der Kybernetik. Den inzwischen allgemeingebräuchlichen Begriffen wie Feedback oder zirkuläre Kausalität haben sich weitere Begriffe hinzugesellt, die zu untersuchen sich lohnt, um zu vermeiden, daß ein falscher Gebrauch Verwirrung stiftet, wie zuweilen geschehen ist.

Das Feedback (oder Rückkopplung)

Das Feedback gilt als einer der wichtigsten Regelmechanismen innerhalb eines Systems; man unterscheidet dabei zwischen einem Prozeß der Modifikation *(positives Feedback)* und einem Prozeß der Konservation *(negatives Feedback)*. Es besteht aus einem geschlossenen Kreis, in dem die Eingangsinformation eines Systems mit der nachfolgenden verbunden wird, dergestalt daß diese auf das Input des Systems rückwirken kann und Frequenz und Intensität geregelt werden. Zum Beispiel: Im Laufe eines Gesprächs sehen wir

41

uns durch die Reaktion der übrigen Teilnehmer dazu veranlaßt, den Ton der Stimme zu heben oder zu senken, das Tempo unserer Rede zu beschleunigen oder zurückzunehmen, um zu erreichen, daß das, was wir zu sagen haben, in möglichst günstiger Weise aufgefaßt wird.

P. Dell hat darauf hingewiesen, daß das Feedback „Ursache' sein kann dafür, daß die Zielvariable konstant bleibt, und zugleich 'Ursache' dafür, daß das System als Ganzes sich entwickelt" (Dell, 1982, S. 28). Dasselbe Feedback kann also gleichzeitig innerhalb des Systems *negativ* (als Stabilisator) wirken und im Verhältnis zu anderen Systemen *positiv* (als Wechselgröße) agieren.

Diese Eigenschaften des Feedback hat auch schon Ashby erkannt: „Der Begriff der Rückkopplung, der sich in elementaren Fällen so einfach und natürlich ausnimmt, wird gezwungen und kaum verwendbar, wenn die Querverbindungen zwischen den einzelnen Teilen komplexer sind (...). Für das Verständnis der allgemeinen theoretischen Grundsätze von dynamischen Systemen ist der Begriff des Feedback daher an sich ungeeignet" (Ashby, 1956, S.72f.).

Wir können also, an Ashby anschließend, sagen, daß das Feedback ein Mechanismus *einfacher* Regelung und daher nicht geeignet ist, die komplexen Interaktionen innerhalb eines Systems zu beschreiben, daß es sich jedoch als nützlich erweist, wenn es um das System als Ganzes geht.

Feedforward

Das Feedback ermöglicht dem System, sein eigenes Verhalten aufgrund der erhaltenen Antworten zu modifizieren. Doch ist dazu notwendig, daß das System unter den erhaltenen Antworten diejenigen auszuwählen weiß, die für das Feedback tauglich sind. Mit anderen Worten: Das System muß über einen Selektionsmechanismus verfügen, mittels dessen es die Feedbacks auswählt und von Fall zu Fall entscheidet, welcher Kreislauf in Gang gesetzt werden soll.

Dieser Mechanismus ist das *Feedforward,* das hauptsächlich die Aufgabe hat, mögliche äußere Inputs vorherzusehen und folglich die Aktivierung der geeigneten Feedbacks vorzubereiten. Darüberhinaus bestimmt das Feedforward im vorhinein die Skala der

Antworten, die das Feedback geben kann, es bestimmt also seine minimale und maximale Schwelle. Das Feedforward hat somit die Funktion, die Regelmechanismen zu regeln; wir können auch sagen: Es ist das *Metafeedback,* das das Feedback regelt.

Wenn zum Beispiel unser Gesprächspartner sich gelangweilt zeigt, so wäre ein Erheben der Stimme ein Feedback, das nicht eben geeignet ist, um seine Aufmerksamkeit wiederzugewinnen; ein dem Ziel nützlicheres Feedback könnte hingegen darin bestehen, daß wir ihm eine direkte, verbindliche Frage stellen, die ihn stärker einbezieht. Der Kreislauf des Feedforward kann diese oder auch eine andere Möglichkeit auswählen (wie etwa eine Schweigepause, eine geistreiche Bemerkung, einen direkten oder indirekten Kommentar usw.) und bestimmen, innerhalb welcher Grenzen die jeweilige Verhaltensweise dem Zweck dienlich ist.

Wie man sieht, ist der Kreislauf des Feedforward von erheblicher Wichtigkeit für die Verhaltensselektion eines Systems, und es ist unerklärlich, warum er so wenig erforscht wurde. Jedenfalls handelt es sich im Falle des Feedforward um einen *geschlossenen,* jedoch *komplexen* Kreislauf (zusammengesetzt aus Feedbacks, die Feedbacks regeln).

Schleifen („loops")

Schleife ist zunächst eine allgemeine Bezeichnung für zirkuläre Phänomene im weiteren Sinne. So etwa gibt es Feedback-Schleifen *(feedback loops),* reflexive Schleifen *(reflexiv loops)* u.a.

Dieser allgemeinen Bedeutung gab Hofstadter einen spezifischeren Sinn. Hofstadter nämlich spricht von „fremdartigen Schleifen" *(strange loops):* „Das Phänomen der ‚fremdartigen Schleifen' tritt ein, wenn man sich beim Auf- oder Absteigen der Stufen eines hierarchischen Systems unerwarteterweise wieder am Ausgangspunkt befindet." (Hofstadter, 1979, S. 11). Das so beschriebene Phänomen entspricht praktisch dem der Reflexivität, auf das wir weiter unten noch zu sprechen kommen werden.

Cronen, Johnson und Lannaman unterscheiden, auf der Basis des Reflexivitätstyps, zwischen *strange loops,* die „problematisch" sind und eine Pathologie auslösen können, und *charmed loops,* Schleifen, die bezaubern können und ganz und gar nicht problematisch sind, da sie die Eigenschaft besitzen, keinerlei stillschweigend ausschließende Interpretationen heraufzubeschwören (sie sind, den Autoren zufolge, „transitiv". Cronen, Jackson und Lannaman, 1982).

In der weiteren Bedeutung bestehen Schleifen stets aus *geschlossenen* Kreisläufen; doch können diese sowohl *einfach* (Feedback-Schleifen) wie *komplex* („fremdartige Schleifen") sein, je nachdem, welche Bedeutung diesem allgemeinen Begriff zugeordnet wird.

Selbstbezug

Einige Botschaften oder Behauptungen haben die Eigenart, sich *auf sich selbst zu beziehen*.

Wenn wir zum Beispiel in einem Brief schreiben: „Dieser Brief ist...", so stellen wir damit einen Selbstbezug her, da der Brief ja von sich selbst spricht. Das gleiche gilt für eine Botschaft, die besagt: „Dies ist eine Botschaft."

Der Selbstbezug wird zuweilen verwechselt mit der Reflexivität, doch kann diese Verwechslung nur unter bestimmten Umständen erfolgen, wie wir noch sehen werden; der Selbstbezug ist, soweit er nicht von Umständen begleitet ist, die seine Struktur verändern, nur die Voraussetzung für ein mögliches Kreisphänomen, doch löst er für sich genommen keine Kreisbewegung aus.

Zirkuläre Kausalität

Die zirkuläre Kausalität ist ein Sonderfall der *reziproken Kausalität*. Diese letztere besteht aus zwei *einfachen* (linearen) Kausalkonnexen, die invers zueinader sind, zum Beispiel A-B und B-A. Wenn die beiden Konnexe unmittelbar aufeinander folgen, so haben wir es mit einer *reversiblen Kausalität* zu tun: A-B-A. Wenn der Rücklauf über eine Verkettung von aufeinanderfolgenden Ereignissen stattfindet, so erhält man Schleifen und Zyklen, die mehrfach durchlaufen werden können. In diesem Falle haben wir eine *zirkuläre Kausalität* vor uns (Abb. 1).

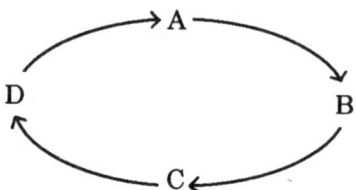

Abb. 1
Zirkuläre Kausalität

Die zirkuläre Kausalität *besteht aus einer Reihe von einfachen kausalen Verkettungen (sie schaltet also die lineare Kausalität nicht aus), denen gegenüber sie jedoch eine höhere Ordnung einnimmt.*[1]
Man kann also sagen, daß die zirkuläre Kausalität *einen komplexen Grad der epistemischen Erkenntnis darstellt, da sie es mit den Korrelationen zu tun hat, die zwischen einfachen Korrelationen bestehen.*
Die zirkuläre Kausalität ist eine Kette von Ereignissen (genauer müßte es heißen: ist eine Art, eine Kette von Ereignissen zu betrachten), die in einem *geschlossenen und komplexen Kreis* verläuft.

Rekursivität („recursiveness")

Auch der Begriff der Rekursivität ist der mathematischen Logik entlehnt, wo er etwa seit den dreißiger Jahren gebräuchlich ist. Er wurde dann zunächst von den Kybernetikern übernommen, und in jüngster Zeit auch von der Verhaltenswissenschaft.
In diesem letzteren Bereich erfreut sich die Idee der *Rekursivität* großer Beliebtheit, doch hat sie so viele unterschiedliche und teils sogar widersprüchliche Definitionen erfahren, daß sie zu dem geworden zu sein scheint, was Bateson die „einschläfernden Prinzipien" genannt hat: tautologische Verknüpfungen ohne jegliche Bedeutung.
Hier ein (vielleicht unvollständiges) Verzeichnis der geläufigsten Bedeutungen, die dem Terminus Rekursivität zugesprochen worden sind: Kreisphänomen im weiteren Sinne, Komplexität, Wiederho-

---

[1] Halbwachs (1971) zeigt – in Anlehnung an die Forschungsergebnisse des Zentrums für genetische Epistemologie in Genf –, daß die zirkuläre Kausalität nur von psychologisch höher entwickelten Individuen erfaßt werden kann. Die Forschung hat gezeigt, daß sieben- bis achtjährige Kinder wohl imstande sind, lineare Kausalzusammenhänge zu erkennen, daß sie aber erst im Alter von dreizehn bis fünfzehn Jahren fähig sind, auch einen zirkulären Kausalitätszusammenhang nachzuvollziehen. Der Autor bemerkt, daß das menschliche Individuum „erst lange auf der Ebene der einfachen Kausalität verharren und erlernen muß, deren beiden einseitigen Momente zu trennen und in eine zeitliche Abfolge zu bringen, bevor es das elementare Kausalverhältnis in die reichere, aber auch schwieriger zu erfassende zirkuläre Kausalität zu übersetzen vermag."

lung, Redundanz, Rückwirkung, zirkuläre Kausalität, Reflexivität, Paradox.

Wir ziehen es vor, den Begriff in einem engeren Sinne zu gebrauchen, nämlich in Anlehnung daran, wie er ursprünglich in der neuen Logik konzipiert worden ist. Nach dieser Version heißt eine Menge rekursiv aufzählbar, wenn man, ausgehend von einer endlichen Zahl von Grundbegriffen und unter wiederholter Anwendung von eindeutig gegebenen Vorschriften, alle ihre Elemente schrittweise ermitteln kann.

„Es handelt sich um einen Prozeß", bemerkt Hofstadter zutreffend, „in dem neue Dinge aufgrund von festen Regeln aus alten Dingen entstehen" (Hofstadter, 1979, S.165); indem der Autor hervorhebt, daß man in diesem Prozeß von einfachen Voraussetzungen ausgeht, um zu immer komplexeren (und ab einer gewissen Stufe womöglich auch unvorhersehbaren) Folgerungen voranzuschreiten, streicht er dessen Ähnlichkeit mit dem Vorgehen der Intelligenz hervor; in der Tat dient ihm diese Ähnlichkeit dazu, die mögliche Entwicklung der künstlichen Intelligenz zu beschreiben.

Wir werden den Begriff der Rekursivität im Sinne eines *Prozesses* verwenden, *der, von (begründeten) elementaren Voraussetzungen ausgehend, aufgrund der wiederholten Anwendung von wohldefinierten Regeln zu komplexen Folgerungen gelangt.*

Rekursivität bedient sich also der Wiederholung (von Regeln), um zur Komplexität vorzuschreiten. Keeney betont: „Das Bild des Kreises ist vielleicht nicht das geeignetste, um sich die Rekursivität vorzustellen, denn tatsächlich ist damit nicht eine in der Zeit sich vollziehende Rückkehr zu einem ursprünglichen Ausgangspunkt gemeint. Jede rekursive Spirale impliziert einen neuen Anfang, auch wenn sie, im Sinne eines Organisationsmodells, schlicht rezykliert wird" (Keeney, 1983, S.71).

In der Tat vollzieht die *rekursive Kette* – von der wir im vorhergehenden Kapitel gesprochen haben und die wir nun genauer als eine *Folge von rekursiv erzeugten Ereignissen* definieren können – keine Kreisbewegung, sondern steigt zu immer komplexeren Stufen empor; es ist daher unrichtig, sie als Kreisphänomen zu bezeichnen (s. Tab. 1), weniger noch darf sie als ein geschlossener Kreis begriffen werden, in dem man stets wieder zum Ausgangspunkt zurückkehrt, und am allerwenigsten als eine Paradoxie. Die rekursive Kette vermag nur dann kreisförmige oder paradoxe

Erscheinungen zu erzeugen, wenn sie sich mit der reflexiven Kette verbindet.

Tabelle 1
Kreisförmige Phänomene

Phänomene	Zirkulationstypen	Hierarchische Typen
Feedback	Zirkulär/geschlossen	Einfach
Feedforward	Zirkulär/geschlossen	Komplex
Schleifen	Zirkulär/geschlossen	Einfach/komplex
Selbstbezug	Voraussetzung für Kreisförmigkeit/ kreisförmig nur dann, wenn auf 2 Stufen der Komplexität sich abspielend	Einfach/komplex
Kausalität		
einfach	Offen/nicht zirkulär	Komplex
reziprok	Offen/nicht zirkulär	Komplex
reversibel	Geschlossen	Komplex
zirkulär	Geschlossen/repetitiv	Komplex
Rekursivität	Offen/nicht zirkulär	Komplex
Reflexivität	Geschlossen/zirkulär/ repetitiv	Oszillierend, unentscheidbar einfach oder komplex
Circulus vitiosus	Geschlossen/zirkulär	

Die reflexive Kette

In „What is the Name of This Book?"[2] beschreibt Raymond Smullyan, Professor für mathematische Logik und unter anderem

---

[2] Der Titel dieses Buches von Smullyan, „What Is the Name of This Book?" stellt selbst schon eine Art „Fangfrage" dar, die in einen reflexiven Kreislauf mündet. Unterbrochen werden kann dieser Kreislauf nur mit Hilfe der Anführungszei-

Autor einiger unterhaltsamer Bücher über Rätsel und Paradoxien, seine erste Begegnung mit der Logik. Smullyan erzählt, daß einst, als er sechs Jahre alt war, sein Bruder Emile ins Zimmer kam und zu ihm sagte: „Raymond, heute ist der erste April, und ich werde mit dir einen Aprilscherz machen, wie du noch keinen erlebt hast." Der Autor fährt fort: „Ich wartete den ganzen Tag darauf, daß er mir einen Aprilscherz mache, aber es geschah nichts. Spät am Abend fragte mich meine Mutter: ‚Warum gehst du nicht schlafen?' Ich antwortete: ‚Ich warte auf den Aprilscherz von Emile.' Meine Mutter sagte zu Emile: ‚Emile, bitte, mach ihm endlich den Aprilscherz!' Da wandte Emile sich mir zu und begann folgenden Dialog: ‚Du hast also darauf gewartet, daß ich dir einen Aprilscherz mache?' ‚Ja.' ‚Aber ich habe dir keinen Aprilscherz gemacht. Stimmt's?' ‚Nein, du hast mir keinen gemacht.' ‚Du hast aber erwartet, daß ich es tue, nicht wahr?' ‚Ja.' ‚Also habe ich dir doch einen gemacht, meinst du nicht?'"

Später, als er im Dunkeln in seinem Bett lag, fragte Raymond sich immer noch, ob der Bruder ihm nun einen Aprilscherz gemacht habe oder nicht. Und in der Tat, wenn kein Aprilscherz stattgefunden hatte, so hatte Raymond nicht das erhalten, worauf er gewartet hatte, und eben darin bestand der Aprilscherz. Wenn das aber der Aprilscherz war, dann hatte er ja erhalten, worauf er gewartet hatte, und also war es Emile nicht gelungen, ihm einen Aprilscherz zu machen.

Hier haben wir ein Beispiel für Reflexivität. Wenn dem kein Ende gesetzt wird, so geht das Dilemma, ob nun ja oder nein, ja oder nein,.... unendlich weiter.

Um zu begreifen, wie die reflexive Kette sich entwickelt, möchten wir die einzelnen Schritte, die zu diesem Ergebnis geführt haben, genauer untersuchen. Allem voran ist der Satz: „Ich werde mit dir einen Aprilscherz machen, wie du noch keinen erlebt hast" eine ambigue Behauptung, in dem Sinne, daß jeder Aprilscherz (unter allen nie erlebten) möglich ist; es wurde kein bestimmter Aprilscherz angekündigt, Emile hat alle Möglichkeiten offengelassen.

Während nun die Zeit vergeht, wird nach und nach immer

chen: Denn nur die Anführungszeichen unterscheiden die Frage: Wie heißt dieses Buch? von seinem Titel: „Wie heißt dieses Buch?" (der zugleich die Antwort auf die Frage ist).

48

deutlicher, daß die Behauptung in Wirklichkeit nur zwei konträre Möglichkeiten beinhaltet, nämlich: Wird der Aprilscherz nun stattfinden oder nicht?

Bis hierher befinden wir uns noch gänzlich innerhalb der rekursiven Kette. Denn wenn keine weiteren Komplikationen hinzukämen, so könnte man die Frage (je nach Emiles Verhalten) schlicht mit ja oder nein beantworten und es dabei bewenden lassen.

An diesem Punkt jedoch ebnet Emile der reflexiven Kette den Weg, indem er behauptet, der Aprilscherz sei ihm eben dadurch gelungen, *daß er ihn unterlassen habe.* Und auf diese Weise wird die Sache auf eine *komplexe Stufe* gehoben.

Die Behauptung: „Ich werde mit dir einen Aprilscherz machen, wie du noch keinen erlebt hast" beinhaltet in der Tat eine zumindest doppelte Komplexität: a) sie ist die einfache Ankündigung eines zukünftigen Aprilscherzes; b) die Ankündigung selbst ist bereits der Aprilscherz.

Damit hat die *reflexive Kette* begonnen und setzt sich mit Hilfe des Selbstbezuges fort. Denn die Ankündigung des Aprilscherzes nimmt ja in der Tat bezug auf sich selbst (wenn auch nicht in expliziter Form).[3]

Wir haben gesehen, daß der Selbstbezug an sich ein einfaches und nicht zirkuläres Phänomen ist; was geschieht jedoch, wenn der Selbstbezug sich auf ein Objekt richtet, in dem zwei komplexe Stufen sich miteinander verbinden? Wenn also die Ankündigung eines Aprilscherzes bereits ein Aprilscherz ist?

Wenn sich durch den Selbstbezug eine doppelt komplexe Ebene herstellt, so entsteht *Reflexivität:* Wir haben es in der Tat mit der Ankündigung eines Aprilscherzes zu tun, die selbst einen Aprilscherz beinhaltet, der die Ankündigung eines Aprilscherzes beinhaltet, die einen Aprilscherz beinhaltet, der...

---

3 Der Selbstbezug ist in diesem Falle deshalb nicht explizit, um eine Erwartung hervorzurufen. In Wahrheit ist es, als hätte Emile gesagt: „Diese Ankündigung eines Aprilscherzes ist ein Aprilscherz"; aber diese explizite Erklärung hätte in Raymond kaum die Erwartung eines Aprilscherzes ausgelöst. Würde die ambigue Botschaft, sei's auf die eine, sei's auf die andere der beiden kontradiktorischen Weisen, explizit ausgedrückt, so würde sie ihre Ambiguität und Reflexivität verlieren und wäre entweder wahr („diese Ankündigung des Aprilscherzes ist bereits der Aprilscherz") oder falsch („dies ist nur die Ankündigung des Aprilscherzes, nicht der Aprilscherz selbst").

Es kommt auf diese Weise zu einem unendlichen Oszillieren zwischen zwei möglichen Bedeutungen, die einander diametral entgegengesetzt sind; der reflexive Kreislauf ist hergestellt, zirkulär, geschlossen und repetitiv: Er führt uns immer wieder an den Ausgangspunkt zurück, ohne jeden Ausweg. Kurz, wir befinden uns im Circulus vitiosus, einer weiteren Schleife der reflexiven Kette, der dazu beiträgt, sie endgültig zu schließen: das unendliche Oszillieren zwischen den komplexen Ebenen macht die anfängliche Kontradiktion unentscheidbar.

Der Aprilscherz ist ein Aprilscherz nur dann, wenn er keiner ist, und er ist kein Aprilscherz nur dann, wenn er einer ist usw.

Der arme Raymond erzählt, daß er noch bis tief in die Nacht hinein versuchte, diesem unentwirrbaren Dilemma zu entkommen, doch seine Erzählung sagt nichts darüber aus, wie lange er der pragmatischen Wirkung erlag.

Zweifellos aber wurde der Knoten später, auf einer noch höheren Ebene, vom selben Raymond Smullyan gelöst, als er zum Professor und (leidenschaftlichen) Erforscher von Paradoxien herangewachsen war.

Wir sind nun imstande, den gesamten Ablauf nachzuvollziehen, der zur *reflexiven Kette* und ihren Circuli vitiosi und damit zur *Unentscheidbarkeit,* dem Charakteristikum der Paradoxie führt.

Der Anfang wird stets von einer einfachen *rekursiven Kette* gebildet. Wir haben zunächst einen *ambiguen Terminus* (eine ambigue Behauptung, Botschaft, Beziehung), für den mehrere verschiedene Bedeutungen in Frage kommen. Man wird sodann zur *Kontradiktion* voranschreiten, in der sich zwei konträre Bedeutungen als gleichermaßen möglich herausstellen. Bis zu diesem Punkt gibt es stets noch einen Ausweg, nämlich den des stochastischen Prozesses, durch den auf dem Wege einer zufälligen anfänglichen Wahl sich eine Information herausbildet, die die weiteren Entscheidungsschritte beeinflußt. Wenn die Dinge sich auf diese Weise entwickeln, so erhalten wir lediglich eine rekursive Kette, die zu einer *höheren rekursiven Ordnung* führt (Abb. 2).

Wenn die Ambiguität jedoch *systematisch* im Sinne Russells ist (wenn also die möglichen Bedeutungen verschiedenen Komplexitätsstufen angehören) und wenn die Kontradiktion nicht einfach ist, sondern sich innerhalb verschiedener Komplexitätsstufen vollzieht, so beginnt die reflexive Kette.

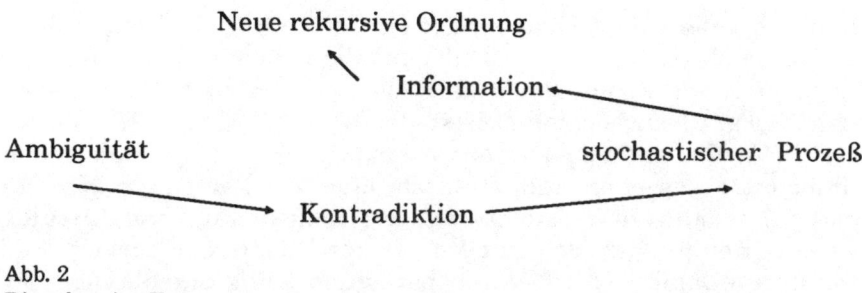

Abb. 2
Die rekursive Kette

Diese Kontradiktion, die auf zwei verschiedenen Komplexitätsstufen angesiedelt ist, setzt einen besonderen (komplexen) Typ des Selbstbezuges in Gang, der seinerseits die Reflexivität in Gang zu setzen vermag. Die ausweglose Reflexivität produziert einen Circulus vitiosus, der die Bedeutung (des Terminus, Ereignisses, der Beziehung etc.) unentscheidbar macht und damit die Paradoxie heraufbeschwört.

Bildlich gesprochen heißt das, daß die rekursive Kette nicht mehr zu einer höheren rekursiven Ordnung voranschreitet, sondern zurückfließt, sich in der Ordnung, von der sie ausgegangen ist, reflektiert und damit *Unentscheidbarkeit* hervorruft. Und da in der Unentscheidbarkeit alle möglichen Bedeutungen offen bleiben, ist es durchaus möglich, von der Unentscheidbarkeit wieder zur Ambiguität zurückzukehren und die gleiche rekursive Kette von vorher noch einmal zu durchlaufen, sodann wiederum die reflexive Kette, und so weiter in einem unendlichen Oszillieren, das keinerlei Information mehr hervorbringt. (Abb. 3)

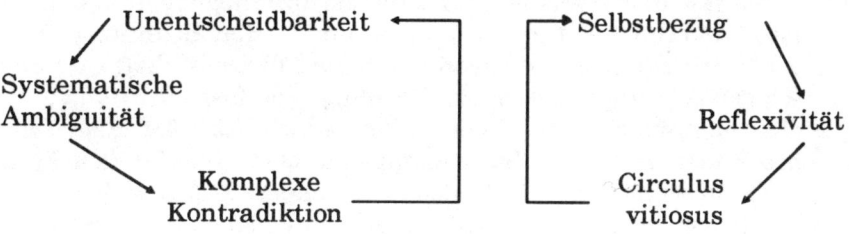

Abb. 3
Der reflexive paradoxe Kreislauf

51

Indem wir die Unentscheidbarkeit erreicht haben, sind wir endlich ans Ende dieser Reise gelangt, die uns die Bekanntschaft mit jenen Elementen und reziproken Beziehungen ermöglicht hat, aus denen sich die Paradoxie zusammensetzt.

Das heißt mit anderen Worten: Wenn wir von der systematischen Ambiguität ausgehen und voranschreiten zur komplexen Kontradiktion, sodann zum Selbstbezug, zur Reflexivität, zum Circulus vitiosus weitergehen, so gelangen wir zur Unentscheidbarkeit; und wir haben damit den reflexiven paradoxen Kreis durchlaufen, der sich zusammensetzt aus einer rekursiven Kette, die in eine reflexive Kette überfließt.

Das Paradox ist mithin eine systematische Ambiguität, die mittels einem unendlichen reflexiven Oszillieren zwischen verschiedenen Komplexitätsstufen Unentscheidbarkeit hervorbringt.

Bevor wir jedoch die Reise beenden, möchten wir noch einen anderen Aspekt des Paradoxes darstellen, der dazu dienen soll, es zu vereinfachen und leichter handhabbar zu machen, vor allem aber seine Natur und seine Ursprünge im Bereich der menschlichen Beziehungen zu begreifen.

Die unzulässige Totalisierung

In seinem Film „Das Fenster zum Hof" (1952) erzählt uns Alfred Hitchcock die Geschichte von einem Fotografen, der, durch einen nicht weiter tragischen Unfall vorübergehend zur Unbeweglichkeit verdammt, seine Tage damit verbringt, von seinem Fenster aus das rege Leben seiner zahlreichen Nachbarn zu beobachten.

Trotz des eher dürftigen Schauplatzes (denn die Szenen spielen sich alle zwischen dem Fenster und dem darunterliegenden Innenhof ab) ist der Film sehr gut gelungen und voller Spannung: Der Fotograf wird Zeuge eines Verbrechens, und unter höchster Gefahr für sich selbst gelingt es ihm, den Schuldigen zu fassen.

Das Faszinierendste an diesem Film jedoch ist, daß Regisseur Hitchcock erklärt hat, er habe damit eine Metapher für den Film und auch für seine eigene Rolle schaffen wollen.

Hitchcock legt damit nahe, daß einen Film machen in gewissem Sinne bedeutet, an einer bestimmten Form von Voyeurismus erkrankt zu sein, ähnlich wie sein Protagonist, der sich von den

Ereignissen, die er beobachtet, mehr hinreißen läßt als von seinem eigenen Leben. Nicht einmal seine reizende Freundin (Grace Kelly), kann ihn, so sehr sie sich auch auf alle nur erdenklichen Weisen darum bemüht, in die Wirklichkeit *diesseits* des Fensters zurückholen. Am Ende läßt sie selbst sich von den Ereignissen draußen im Hof hinreißen, und nur auf diesem Wege gelingt es ihr, wieder an seinem Leben teilzuhaben. Der Film ist ein hervorragendes Beispiel eines ikonisch-metaphorischen Paradoxes.[4]

Die Paradoxie basiert auf der dem Medium des Films eigenen Ambiguität, die eine Kontradiktion auf verschiedenen Komplexitätsebenen ist: Ist es der Film, der uns die Geschichte erzählt, oder ist es die Geschichte, die uns etwas vom Film erzählt?

Der Selbstbezug ist durch die Tatsache gegeben, daß es sich um einen Film handelt, der (metaphorisch) sich selbst und seine Bedeutung beschreibt.

Man gelangt so zur Reflexivität, die zu einem Circulus vitiosus wird, denn: Der Film erzählt eine Geschichte, die vom Film erzählt, der eine Geschichte erzählt, die...usw.

Jeder Versuch zu entscheiden, ob der Film die Geschichte erklärt oder die Geschichte den Film, wird hinfällig: Gleichwohl handelt es sich um eine ganz besondere Unentscheidbarkeit, die gar nicht das unangenehme Gefühl des In-einer-Falle-Seins hervorruft, das für so viele pragmatische Paradoxien typisch ist.

Das dem „Fenster zum Hof" implizite Paradox jedoch ruft keinerlei Problem auf pragmatischer Ebene hervor, ebensowenig, wie dies etwa bei den ikonischen Paradoxien eines Maurits Escher der Fall ist. Diese Paradoxien erwecken im Gegenteil angenehme Empfindungen im Betrachter, und sie sind, vielleicht eben dank ihres paradoxen Charakters, Meisterwerke.

Dieses Resultat, das so gänzlich anders ist als das der Paradoxien, die das logische Denken ins Wanken und ganze Familiensysteme in unlösbare Beziehungskrisen geführt haben, ist einer *Abgrenzung* des Paradoxes zu verdanken, die verhindert, daß es allumfassend und seine Wirkung totalitär wird.

Der reflexive paradoxe Kreislauf kann, so wie er sich auf der

---

4 *Ikonisch* ist es deshalb, weil es konkrete Bilder enthält, die aus den Bildern des Films selbst bestehen; *metaphorisch* ist es wegen seines abstrakten Symbolcharakters, nämlich als indirekte Darstellung des „Lebens beim Film".

Kinoleinwand oder auf einem Zeichenblatt darstellt, nicht alle Lebensbereiche eines Individuums oder einer Beziehung erfassen.

Im Gegensatz zu diesen in künstlerischer oder auch spielerischer und humoristischer Form ausgedrückten Paradoxien, stellen jedoch das logische und das pragmatische Paradox eine *Totalisierung*[5] her, oder wir können, mit Russell, sogar sagen: *Das Paradox ist die Annahme einer unzulässigen Totalisierung.*

Einer der erhellendsten Ansätze der „Principia" (a.a.O., S. 37 f.) ist u.E. der, daß dieses Werk das Wesen der Paradoxie in einem einzigen Begriff erfaßt hat.

Die Annahme einer unzulässigen Totalisierung ist in der Tat der zentrale Kern der paradoxen Struktur, da sie alle die Paradoxie konstituierenden Elemente, wie wir sie beschrieben haben, in sich begreift und zudem erlaubt, ihre pragmatische Auswirkung akkurat zu bewerten (die um so größer ist, je weniger die Totalisierung eingeschränkt ist). Darüber hinaus vermag dieser Begriff uns ein Beschreibungsmodell der Genesis des Pardoxes in den menschlichen Beziehungssystemen zu liefern, als auch der paradoxen Interventionen, die therapeutisch bei dysfunktionalen Familiensystemen angewandt werden.

---

[5] Der Begriff der *Totalität* ist sehr viel weniger flexibel als der Begriff des *Ganzen.* Aristoteles definiert den Unterschied in seiner „Metaphysik" folgendermaßen: die Totalität ist eine geordnete Menge, komplett und vollkommen in der ihr eigenen Ordnung, während das Ganze eine beliebige Menge von Einzelteilen ist, deren Ordnung untereinander keinen Einfluß auf das Ganze hat.

5. Kapitel

Die unzulässige Totalität

Die Ursprünge des Paradoxes in den menschlichen Beziehungen

Wir haben gesehen, daß eine unzulässige Totalisierung in der Praxis eins werden kann mit der Paradoxie, da sie alle deren Elemente enthält (systematische Ambiguität, komplexe Kontradiktion, Selbstbezug, Reflexivität, Circulus vitiosus und Unentscheidbarkeit). Doch erklärt der Terminus „unzulässige Totalität" die Sache besser, da er die Natur des Paradoxes selbst sowie seine pragmatischen Aspekte begreiflich macht.

In der Tat entsteht das Paradox infolge einer unangemessenen Totalisierung mit der Tendenz, sowohl die logische als auch die pragmatische Hierachie der Komplexität auf den Kopf zu stellen.[1]

Welches aber sind die Gründe, die in einer menschlichen Beziehung eine Paradoxie entstehen lassen (oder auch eine unzulässige Totalität: Von nun an werden wir, wenn nicht näher spezifiziert, die beiden Begriffe synonym verwenden) – eine Paradoxie, die, wie wir sehen werden, ausgesprochen schwerwiegende dysfunktionale Situationen heraufzubeschwören vermag?

---

[1] Viele Autoren legen großen Wert darauf, die *logische* Paradoxie von der *pragmatischen* zu unterscheiden, wobei beide meist als unterschiedliche Einheiten betrachtet werden. U.E. handelt es sich jedoch um ein einziges Phänomen, das je nach Kontext logisch oder pragmatisch relevant werden kann. Mit anderen Worten: ein logisches Paradox kann pragmatische Wirkung zeitigen, wenn es in einem interaktiven menschlichen Kontext steht (wie es zum Beispiel bei den Paradoxien der Fall war, die Zenon dazu benutzte, um seine Thesen zu beweisen und seine Widersacher in Schwierigkeiten zu bringen); andererseits verliert ein Paradox, wenn es pragmatisch wirksam wird, deshalb nicht seine logische Struktur, die durch eine entsprechende Analyse jederzeit herausgestellt werden kann.

Das Paradox ist ein typisches Merkmal der menschlichen Spezies, da diese eine Reihe von Eigenschaften besitzt, die sie zu einer unzulässigen Totalisierung prädisponieren.

Die den Aussagen und menschlichen Beziehungen innewohnende Ambiguität

Reichhaltigkeit und Komplexität der menschlichen Sprache machen sie zu einem extrem vielseitigen Werkzeug; doch bewirken eben diese Eigenschaften auch, daß sie häufig vieldeutig ist und gleichzeitig verschiedenste, nicht selten einander kontrastierende Bedeutungen zu übermitteln vermag.

Wittgenstein bemerkte: „Die Sprache verkleidet den Gedanken. Und zwar so, daß man nach der äußeren Form des Kleides nicht auf die Form des bekleideten Gedankens schließen kann; weil die äußere Form des Kleids nach ganz anderen Zwecken gebildet ist, als danach die Form des Körpers erkennen zu lassen" (Wittgenstein, 1989, S.40).

Doch der Wunsch, die Gedanken zu verbergen, ist nur einer von vielen Gründen für die Ambiguität einer Aussage. Die Ambiguität kann gänzlich *unabsichtlich* zustande kommen, wenn man sich etwa nichtverbaler Zeichen bedient, die per definitionem nicht eindeutig definiert sind.[2] Sie kann jedoch auch *absichtlich* verwendet werden, wie dies etwa in allen Formen der Kunst und des Humors geschieht: Die Kunst ist, einer Picasso zugeschriebenen paradoxen Definition zufolge, „eine Lüge, die uns die Wahrheit begreifen läßt".

Auch *Störungen* und *Geräusche* oder andere Informationen des Kontextes können eine Botschaft ambigue werden lassen, obwohl diese im Augenblick ihrer Entsendung gar nicht mehrdeutig war.

Darüber hinaus wird der Empfänger einer Botschaft nicht selten durch die bloße Möglichkeit, eine mehrdeutige Botschaft zugesandt

---

[2] Tatsächlich stellt die nichtverbale Sprache den sehr viel größeren Teil innerhalb der menschlichen Kommunikation dar (und beherrscht praktisch die gesamte tierische Kommunikation); während der Mensch sehr wohl auf die verbale Kommunikation verzichten kann, ist es ihm nicht möglich, ein nichtverbales „Schweigen" einzuhalten. Insofern müßte der bekannte Grundsatz: „Man kann nicht nicht kommunizieren" umgewandelt werden in: „Man kann auf nichtverbale Weise nicht nicht kommunizieren."

zu bekommen, dazu verleitet, aus einer Botschaft eine Ambiguität herauszuhören, die der Entsender ihr gar nicht beigemessen hatte. Natürlich sind nicht alle Botschaften mehrdeutig oder werden mehrdeutig aufgefaßt: Wir könnten ansonsten unmöglich existieren. Doch eben die Tatsache, daß einige der Botschaften, die wir entsenden oder empfangen, ihrem Wesen nach ambigue sind, stattet uns mit jener Reichhaltigkeit des Ausdrucks aus, die dem Menschen eigen ist. Derselbe Wittgenstein hat die Bedeutung dieser Reichhaltigkeit klar erkannt: „Die Grenzen meiner Sprache bedeuten die Grenzen meiner Welt" (a.a.O., S. 63).

Die menschlichen Beziehungen sind ihrerseits von grundlegender Ambiguität, da sie die Frucht einer Interaktion sind, die sich je nach Veränderungen der beteiligten Individuen, in Abhängigkeit zur Zeit und der evolutiven Phasen der Beziehung wandelt.

Die Neigung zu eindeutigen Wahrheiten

„Wir Menschen scheinen zu wünschen, daß unsere Logik absolut wäre. Wir scheinen uns nach der Annahme zu richten, daß es sich so verhält und geraten in Panik, wenn wir auf das leiseste Anzeichen treffen, daß es nicht so ist oder sein könnte. (...) In Wahrheit würde der Bruch in der scheinbaren Kohärenz unseres geistigen logischen Prozesses als eine Art Tod erscheinen. Ich bin dieser tiefverwurzelten Vorstellung bei meiner Arbeit mit Schizophrenen immer wieder begegnet, und man kann sagen, daß diese Vorstellung grundlegend ist für die *Double-bind*-Theorie, die ich vor etwa zwanzig Jahren zusammen mit meinen Kollegen in Palo Alto entwickelt habe" (Bateson, 1984, S.159f.). Bateson, dessen Meinung für uns maßgebend ist, beschreibt hier eine Neigung des menschlichen Wesens, die sich bei Schizophrenen zum Äußersten steigert: nämlich die Neigung, die Wirklichkeit absolut zu nehmen und an Sicherheiten festzuhalten, die man ein für alle Male erworben zu haben meint.

Paradoxerweise ist gerade diese Sucht nach logischen und absoluten Wahrheiten eine der Quellen, aus denen sehr häufig ein Paradox entspringt. „Der Rationalismus", sagte Kierkegaard, „ist ein irrationales Vertrauen in die Ratio".

Die Folge eines solchen Verhaltens ist die Aufteilung der Welt in eine Serie von Wahr-Falsch-Gegenüberstellungen, die sich in Form eines mehr oder minder peremptorischen Entweder-Oder ausdrückt. Doch kann das Entweder-Oder im Bereich der Analogien nicht angewandt werden, da dieses keine diskreten Größen enthält; die Anwendung einer Entweder-Oder-Logik führt in diesem Falle folglich zu einer unzulässigen Totalität.

Das soll natürlich nicht heißen, daß sämtliche Entweder-Oder-Aspekte verbannt und durch ein Sowohl-als-Auch ersetzt werden müssen (das würde nicht weniger zu einer unzulässigen Totalität führen). Wilden und Wilson, die dies als erste deutlich gemacht haben, betonen: „Einerseits haben wir die traditionelle Logik, die vom (nichtwidersprüchlichen) Axiom der Identität ausgeht, eine Logik, die, wie die Erfahrung uns gelehrt hat, im Inneren all jener Systeme, die wir aus Zeit und Raum herauslösen, ihre Gültigkeit hat. Auf der anderen Seite haben wir die Logik der Stufen, Differenzen und Paradoxien, die die erstere negiert und ihr widerspricht. Doch ist dies ein nur scheinbares Dilemma. Unter analytischem Gesichtspunkt – der unausweichlich dazu tendiert, die Stufen zu neutralisieren oder auf eine einzige Dimension zu reduzieren, indem er künstliche (und imaginäre) Symmetrien vom ‚Entweder-Oder'-Typ, nämlich Gegensätze und Übereinstimmungen von Behauptungen, Zustände und Systeme herstellt, die in Wirklichkeit wegen ihrer Klassifikation in logische Typen voneinander unterschieden sind –, kann nur von einer Gegensätzlichkeit der beiden Logiken die Rede sein, wenn man auf dem eingeschränkten Gesichtspunkt von geschlossenen Systemen verharrt" (Wilden und Wilson, 1976, S.325).

Weiter unten weisen die Autoren darauf hin, daß die Lösung dieser unzulässigen Totalität in der ökosystemischen Epistemologie zu finden ist: „Jedenfalls besitzen wir in der ökosystemischen Epistemologie ein wertvolles Instrument für Analyse und Kritik. Denn eben weil die ökosystemische Epistemologie eine multidimensionale Stufenlogik ist, in der die Disjunktionen des ‚Entweder-Oder' den Konnexionen des ‚Sowohl-als-Auch' unterworfen sind, schließt sie die Perspektive der Analytik als ein komplementäres logisches System vom untergeordneten Typ in sich ein. Um es mit einem Aphorismus auszudrücken: die analytische und vor allem digitale Epistemologie bedient sich einer verarmten und ausschließenden Logik des ‚Entweder-Oder *oder* Sowohl-als-Auch', während die ökosystemische Epistemologie sich einer reichen und einschließenden Logik des ‚Entweder-Oder *und* Sowohl-als-Auch' verbunden weiß."

Eine andere Art, unzulässige Totalitäten herbeizuführen, die auf vermeintlich absoluten Wahrheiten gründen, finden wir in dem, was Levick „die Paradoxien des Immer-Nie-Landes" genannt hat („paradoxes of Always-never land", Levick, 1983): also in jenen Behauptungen, die sich auf die Adverbien „immer" und „nie" stützen und auf Vorurteilen gründen, die keine Ausnahmen zulassen, wie zum Beispiel, wenn die Ehefrau zu ihrem Mann sagt: „Du wirst dich nie ändern", oder er ihr vorwirft: „Du sagst immer das gleiche."

Die Vorhersage-Fähigkeit

Die menschlichen Interaktionen werden von einigen Prinzipien gelenkt, die sie „strategisch" erscheinen lassen. Diesem Umstand liegt die Fähigkeit des Menschen zugrunde, das Verhalten des anderen vorauszusehen und entsprechend zu handeln. Da diese Fähigkeit jedoch allen Menschen eigen ist, bedeutet dies, daß die menschliche Fähigkeit, Verhaltensweisen vorauszusehen, ihr Verhalten unvorhersehbar macht.

Nigel Howard hat dieses Phänomen als eine der Ursachen für das definiert, was er den „Zusammenbruch der Rationalität" genannt hat, und er bediente sich dabei eines sehr sprechenden Gleichnisses. Der Autor zeichnet uns das Bild zweier Schiffe, eines Handels- und eines Piratenschiffs, die aus entgegengesetzten Richtungen auf dieselbe Insel zusteuern. Natürlich haben die beiden Schiffe auch entgegengesetzte Interessen, insofern als das Handelsschiff aus verständlichen Gründen eine Begegnung mit dem Piratenschiff vermeiden will, während dagegen dieses letztere alles daran setzt, um das Handelsschiff aufzuspüren und sich seiner zu bemächtigen.

Die Kapitäne der beiden Schiffe werden sich jeder tunlichst bemühen, die möglichen Routen des jeweils anderen Schiffes abzuwägen und zu versuchen, die Insel auf der gleichen, bzw. auf der entgegengesetzten Seite zu umschiffen; wenn man jedoch davon ausgeht, daß beide über gleich zutreffende Informationen verfügen, um die Route vorherzusehen, führen ihre Berechnungen zu einer Zukunftserwartung, die unmöglich eintreffen kann: daß nämlich das Handelsschiff eine andere Route wählt als die Piraten und daß die Piraten die gleiche Route wählen wie das Handelsschiff.

Für unsere Belange können wir die Schiffe aus dem Gleichnis Howards ohne weiteres ersetzen durch einen trunksüchtigen Ehemann, der die Flasche versteckt hält, und seine Frau, die versucht, die Flasche zu finden, um ihn am Trinken zu hindern. Auch in diesem Fall ist es natürlich unmöglich, daß beider Erwartungen eintreffen.

Um das Spiel der interpersonellen Berechnungen noch zu komplizieren, können die Beteiligten ihre Überlegungen auf eine höhere logische Stufe schrauben, etwa so: Ich muß mich nicht darauf beschränken, vorauszusehen, wie du dich verhalten wirst, sondern kann versuchen, auch vorauszusehen, wie du dich verhalten wirst aufgrund der Voraussicht, wie ich mich verhalten werde, und dann, wie du dich verhalten wirst aufgrund der Voraussicht, wie ich mich verhalten werde aufgrund der Voraussicht, wie du dich verhalten wirst.

Es kann auch passieren, daß eine totalisierende Voraussetzung sich zu einer ebenso totalisierenden Voraussicht steigert, wie im Falle jenes Ehepaares, von dem Watzlawick berichtet (Watzlawick, 1965):

Zwei Eheleute suchen einen Psychotherapeuten auf, weil die übergroße Eifersucht der Frau ihnen beiden das Leben unerträglich macht. Es zeigt sich, daß er, der Ehemann, ein Mensch von außerordentlich strengen moralischen Grundsätzen ist, sehr stolz auf seine asketische Lebensweise und auf die Tatsache, daß „ich niemals im Leben irgendjemandem Grund gegeben habe, an meinem Wort zu zweifeln". Seine Frau, die aus gänzlich anderen gesellschaftlichen Kreisen stammt, hat sich ihrem komplementären „One-down"-Verhältnis gefügt, außer in einem: sie ist absolut nicht gewillt, auf ihre Gewohnheit zu verzichten, vor dem Abendessen ein Gläschen zu trinken, ein Ding, das der völlig enthaltsame Gatte für verabscheuungswürdig hält und das bereits seit Beginn ihrer Ehe zu unendlichen Streitereien geführt hat.
Vor etwa zwei Jahren sagte der Mann in einem Anfall von Zorn zu ihr: „Wenn du dich von deinem Laster nicht befreist, werde ich mir auch eines anschaffen", und fügte hinzu, daß er sich mit anderen Frauen einlassen werde. Auch diese Äußerung konnte die Regeln ihrer Beziehung nicht verändern, und einige Monate später beschloß der Mann, seine Frau um des lieben Hausfriedens willen in Ruhe trinken zu lassen. Eben in diesem Augenblick brach ihre Eifersucht hervor, die sich so begründete und immer noch begründet: „Mein Mann verdient

absolutes Vertrauen; er *muß* also seine Drohung, mir untreu zu werden, wahrgemacht haben, er ist nicht mehr vertrauenswürdig." Der Gatte andererseits ist ebenso unlösbar ins Netz seiner paradoxen Vorhersage verstrickt, denn er kann seiner Frau nicht überzeugend klar machen, daß seine Drohung nur einer impulsiven Reaktion entsprang und nicht ernstzunehmen war. Obwohl die beiden sich klar darüber sind, in die Falle gegangen zu sein, die sie sich selbst gelegt haben, sehen sie keine Möglichkeit, sich daraus zu befreien.

Dieser Fall führt uns mitten ins Reich des interaktiven Paradoxes; wir werden sehen, wie sich dieses auf der Basis solcher Bedingungen (inhärente Ambiguität, Suche nach eindeutigen Wahrheiten, Vorhersage-Fähigkeit) innerhalb des Familiensystems und anderer menschlicher Systeme fortentwickelt.

Das Paradox in den menschlichen Beziehungen

Seit der Double-bind-Theorie (Bateson, Jackson u.a., 1956), sind bekanntlich zahlreiche Arbeiten erschienen, die das Paradox in den menschlichen Beziehungen unter seinem pathogenen Aspekt behandeln. Doch ist das Interesse für diese Thematik, das etwa ein Jahrzehnt lang beachtlich war, in letzter Zeit merklich abgeflaut und fast gänzlich der Erforschung des therapeutischen Paradoxes gewichen, wie viele ausführliche Darstellungen bezeugen (Weeks und L'Abate, 1982; Seltzer, 1986).
Wir sind jedoch überzeugt, daß die Theorie des pathogenen Paradoxes, trotz des zur Zeit herrschenden Desinteresses und obwohl sie weiterer Vertiefung und Ausarbeitung bedarf, immer noch Gültigkeit hat. Zudem kann ein besseres Verständnis des pathogenen Paradoxes helfen, das therapeutische Paradox in seinen Unterschieden und Übereinstimmungen und vor allem in seinen bisher noch weitgehend unbekannten Wirkungen zu erfassen.
Viele der vormals verwendeten Beschreibungsmodelle tragen die Spuren der Unsicherheit, die vor zwanzig oder dreißig Jahren in der System-Theorie noch vorherrschten.
Heute können wir sagen, daß ein pathogenes Modell, wenn es mit der System-Theorie übereinstimmen soll, zumindest die folgenden Forderungen erfüllen muß:
a) es muß dem Prinzip der zirkulären Kausalität gehorchen;

b) es muß sowohl auf das Individuum wie auf das System anwendbar sein, dem das Individuum angehört;

c) es muß sich als kohärent erweisen mit den therapeutischen Maßnahmen, die es vorschlägt.

Die zirkuläre Kausalität. Dieser Aspekt ist früher arg vernachlässigt worden. Die Theorie des Double-bind prüfte zum Beispiel das Verhalten der Eltern gegenüber den Kindern (da sie den Eltern die Verantwortung für die Krankheit des „identifizierten Patienten" zuschrieben), aber sie prüfte nicht die Handlungen, mit denen die Kinder auf die Eltern einwirkten.

Individuum und Familie. Auch hier muß gesagt werden, daß die Aufmerksamkeit meist dem System oder (häufiger noch) einem Untersystem galt, daß aber nur selten das Individuum in Betracht gezogen wurde. In den wenigen Fällen, in denen es berücksichtigt wurde, geschah dies in seiner Rolle als Ursache oder Opfer der Dysfunktion des Systems (schizophrene Mutter, peripherer Vater, Sündenbock etc.); oder man stellte das Individuum dem System gegenüber, anstatt in ihm ein Element des Systems zu sehen.

Kohärenz zur Therapie. Hierzu ist zu bemerken, daß das Verhältnis zwischen dem pathogenen und dem therapeutischen Paradox in der Literatur bisher nur summarisch abgehandelt wurde. Wir werden diesen Aspekt in den folgenden Kapiteln eingehender erörtern.

Wir wollen nun sehen, inwieweit der Begriff der unzulässigen Totalität diesen Kriterien entspricht.

Die Bedingungen, von denen wir im vorhergehenden Unterkapitel gesprochen haben, sind notwendig, aber nicht hinreichend für eine unzulässige Totalisierung. Um zu begreifen, wie die Bedingungen, die wir soeben aufgezählt haben, zu einer unzulässigen Totalisierung führen können, zitieren wir hier als Beispiel eine sehr einleuchtende Beschreibung von Jules Henry (1973, S. 191):

> Wenn ein Mann zu einer Frau sagt: „Ich liebe dich", so kann sie sich fragen, ob er es ehrlich meint, ob er nur sie liebt, ob er sie auch nächste Woche und nächstes Jahr noch lieben wird, oder ob seine Liebe nur bedeutet, daß er von ihr geliebt werden möchte. Sie kann sich fragen, ob diese Liebe auch Respekt und Zärtlichkeit beinhaltet oder ob es sich lediglich um eine körperliche Zuneigung handelt. „Ich liebe dich" ist zweifellos eine ambigue Botschaft. Die Frau kann zu dem Schluß kommen, daß seine Vorstellung von der Liebe mit der ihrigen nicht übereinstimmt und daß die Art von Liebe, die er ihr geben will, sie nicht

glücklich machen würde. So wird sie, ungeachtet seiner Zärtlichkeiten und trotzdem sie ihn mag, darauf verzichten. ihn zu heiraten und die Beziehung mit ihm abbrechen. (J. Henry, 1973, S.191)

Die Frau analysiert die *ambigue Botschaft* „ich liebe dich" (von deren zahlreichen Bedeutungen Henry einige auflistet) in dem Bestreben, in ihr eine *eindeutige Wahrheit* zu entdecken. Sie beschränkt sich jedoch nicht auf die Suche nach einer einzigen Bedeutung, sondern mißt ihr einen Wert bei, der ausnahmslos *die gesamte Beziehung umfaßt.* Darüber hinaus verleitet *die Fähigkeit zur Vorhersage* sie dazu, das zukünftige Verhalten ihres augenblicklichen Partners abzuwägen und es ohne jede zeitliche Begrenzung für vorhersehbar zu halten.

Mit anderen Worten: Wenn ein Individuum Informationen verarbeitet, die es in den Termini einer unzulässigen Totalität empfangen hat, *so verwandelt sich ihm jede Hypothese unweigerlich in ein Axiom, das keiner Beweise bedarf.*

Das zitierte Beispiel erlaubt uns jedoch lediglich, die individuelle Entwicklung einer unzulässigen Totalität einzusehen, und der Gesichtspunkt, von welchem aus das Beispiel dargestellt ist, läßt uns nur den linearen Aspekt dieser Entwicklung erkennen. Nachdem wir die unzulässige Totalität also in ihrer individuellen und linearen Dimension kennengelernt haben, möchten wir nun ein Beispiel zitieren, worin sie sich im Lichte einer interaktiven, zirkulären Situation zeigt.

Bianca und Giacomo sind seit ein paar Jahren verheiratet. Eines Abends, beim Zubettgehen, sagt Giacomo zu Bianca: „Bianca, ich habe Lust, mit dir zu schlafen." Bianca, die vielleicht sehr müde ist, erwidert ihm jedoch ehrlich: „Ich habe keine Lust dazu." Giacomo ist überrascht und findet keine Erklärung dafür; dann sagt er: „Aber du *mußt* Lust dazu haben."

Dieser Ausspruch zeigt, daß Giacomo in der Lust (die nicht anders als spontan sein kann) eine Art Pflicht sieht, etwas, das *immer* dasein muß. Diese Totalisierung könnte spurenlos vorübergehen, wenn nicht derjenige, der diese Botschaft erhält, sie seinerseits totalisierend aufnehmen würde. Mit anderen Worten, eine paradoxe Definition oder ein paradoxer Befehl haben keinerlei pathogene Wirkung, wenn da nicht jemand ist, der ihm absoluten Wert beimißt.

Die „Unmöglichkeit, das Feld zu verlassen" (Bateson, Jackson u.a., 1956), die ursprünglich als wesentlicher Faktor bei der Entstehung eines Double-bind galt, muß u.E. in diesem Sinne revidiert werden. Es ist nicht der Sender der Botschaft, der dem „Opfer" verwehrt, sich zu entfernen und sich den pathogenen Wirkungen seiner Befehle zu entziehen, sondern es ist der Empfänger selbst, der die unzulässige Totalisierung des anderen seinerseits *in totalisierender Weise interpretiert.*

Die griechische Grabinschrift, von der wir im ersten Kapitel berichteten, ist hierfür ein dramatisches Beispiel. Dieser Grabinschrift zufolge gab sich der Logiker Philetas von Kos so „total" der Aufgabe hin, die Lügner-Paradoxie zu lösen, daß er darüber seine Gesundheit vernachlässigte und starb. Ein Paradox hat also keine pathogene Wirkung, wenn derjenige, den es betrifft, es nicht als Totalität auffaßt; doch auch ein harmloses logisches Paradox kann sich verheerend auswirken, wenn derjenige, den es betrifft, in ihm eine Totalität sieht.

Das wahrhaft pathogene Paradox entsteht also dann, wenn zwei (oder mehr) Totalisierungen aufeinandertreffen. Von diesem Standpunkt aus können wir nun sowohl die Beteiligung der einzelnen Individuen als auch die Bedeutung überblicken, die ihre Beziehung für die Entstehung des pragmatischen Paradoxes hat, und ebenso können wir erkennen, wie die einzelnen linearen Kausalitäten zur Entstehung eines Prozesses von reziproker Kausalität beitragen.

In dem von uns beschriebenen Fall könnte Bianca die Sache schlicht fallen lassen und, nachdem sie vielleicht ihren Standpunkt erklärt hat, sich am nächsten Abend Giacomo mit einem Lächeln auf den Lippen nähern, das ihm zu verstehen gibt, daß sie immer noch Lust hat, mit ihm zu schlafen.

Wenn Bianca hingegen Giacomos Worten eine Bedeutung beimißt, die ihre gesamte Sexualbeziehung in Frage stellt, so wird ihr Gesamtverhalten diesbezüglich konditioniert, und leicht kann daraus ein paradoxer Circulus vitiosus entstehen, der nicht nur Bianca, sondern auch Giacomo in sich hineinzieht. Und in der Tat, wenn Bianca nun, nachdem sie Giacomos Behauptung als absolute Wahrheit aufgefaßt hat, Lust verspürt, mit ihm zu schlafen, wird sie denken, dies sei nur eine Reaktion auf sein Verlangen; wenn sie aber Giacomos Verlangen befriedigen will, so müßte sie eine echte Lust verspüren, die nicht eine Reaktion auf sein Verlangen ist;

wenn ihre Lust jedoch nicht eine Reaktion auf sein Verlangen ist, so ist sie keine echte Lust, da er ja echte Lust von ihr verlangt hat... usw. Und auch Giacomo wird nicht mehr unterscheiden können, ob Bianca nun mit ihm schläft, weil sie es wünscht oder weil er es von ihr verlangt hat.

Zumindest auf dem Gebiet ihres Sexuallebens ist die Beziehung zwischen Bianca und Giacomo damit *unentscheidbar* geworden: Keiner der beiden vermag mehr zu sagen, ob ihr Verkehr spontan oder als Pflichtübung stattfindet, und nicht selten äußert sich solche Unentscheidbarkeit in symptomatischem Verhalten.

Darüber hinaus neigt eine paradoxe Beziehung dazu, weitere Paradoxien hervorzubringen.

> In der Bemühung, die Situation zu entschärfen, beschließt Giacomo, Bianca gegenüber nicht mehr die Initiative zu ergreifen: Er hofft, es fiele ihr dadurch leichter, ihm von sich aus ein „spontanes" Interesse zu zeigen. Bianca merkt, daß sich da etwas geändert hat und fordert Giacomo auf, die Initiative zu ergreifen.

Wenn Giacomo nun jedoch die Initiative ergreift, nachdem Bianca es von ihm gefordert hat, so ist es nicht mehr Giacomos Initiative; wenn er dagegen der Aufforderung nicht nachkommt und keine Initiative mehr ergreift, so geschieht dies aufgrund seiner eigenen Initiative, und ohne es zu wollen hat er damit der Forderung Biancas nachgegeben. Giacomo kann also nur nachgeben, indem er nicht nachgibt, und kann nur nicht nachgeben, indem er nachgibt. Ein weiteres Mal schließt sich der Circulus vitiosus; und aufgrund der offensichtlich vorhandenen Kontradiktion und Selbstreflexivität können wir in ihm nun die Natur des pragmatischen Paradoxes erkennen. Wie wir jedoch gesehen haben, ist es die *unzulässige Totalisierung,* die diese pragmatischen Paradoxien genauer charakterisiert. „Du müßtest Lust haben" impliziert, daß die Menge aller Verhaltensweisen, die gefordert werden können, auch die spontanen in sich begreift (die aber eben nicht gefordert werden können); und darin besteht die unzulässige Totalisierung.

Im zweiten Fall hingegen verhält es sich so, daß Biancas Aufforderung an Giacomo, mehr Initiative zu zeigen, auf der (irrtümlichen) Voraussetzung gründet, daß die Menge aller möglichen Aufforderungen auch jene enthält, aus eigener Initiative zu handeln (also keiner Aufforderung stattzugeben).

Beiden Fällen liegt eine unzulässige Totalisierung zugrunde, da bestimmte Termini, die einer Menge vorausgesetzt sind, als Elemente dieser Menge selbst betrachtet werden.

Ein wichtiger Aspekt dieser Transaktionen ist der, daß ihre Reihenfolge umgekehrt werden kann, ohne daß sich am Ergebnis etwas ändert; es ist unwichtig, ob Giacomo als erster zu Bianca gesagt hat: „Du müßtest Lust haben" oder ob Bianca als erste zu Giacomo gesagt hat: „Du müßtest die Initiative ergreifen"; der Fehler neigt dazu, sich zu perpetuieren und weitere Fehler zu provozieren. Und darüber hinaus: Auch wenn es demjenigen der beiden, der dem anderen die Forderung stellt, nicht unbedingt darum geht, ihn zu schädigen, so macht er (in Zusammenarbeit mit dem anderen) dennoch die Beziehung unentscheidbar und behindert sowohl sich selbst wie den anderen in seiner Entscheidungsfreiheit. Weder Bianca noch Giacomo vermögen mehr zu sagen, ob Biancas Sexualverhalten noch spontan ist oder nicht, und weder Bianca noch Giacomo wissen, ob Giacomo noch aufgrund eigener Initiative handelt oder nicht.

6. Kapitel

Das Paradox im Familiensystem

Ambiguität und Unentscheidbarkeit im System

Wichtig ist, Ambiguität und Unentscheidbarkeit auseinanderzuhalten: Nicht selten werden die beiden Begriffe synonym verwandt, was zu einigen Verwirrungen geführt hat.

Die *Ambiguität* im Bereich der menschlichen Kommunikationen besteht im gleichzeitigen Angebot einer Vielzahl von verschiedenen Bedeutungen und ist deshalb unverzichtbar für den Ausdruck der komplexen menschlichen Gefühle. Ambiguität kann zu Interpretationsproblemen führen, schwerlich jedoch verursacht sie echte Pathologien.

Wenn eine Mutter ihrem Sohn, der gerade eine psychotische Krise hinter sich hat, in der Klinik einen Besuch abstattet und dabei zwar mit Worten ihre Freude darüber ausdrückt, ihn wiederzusehen, sich gleichzeitig jedoch kühl und distanziert zeigt, so legt sie damit ihrem Sohn gegenüber ein Verhalten an den Tag, das auf verschiedendste Weise interpretiert werden kann. Aber auch wenn einiges daran unangenehm ist, kann der Sohn jederzeit frei entscheiden, welches Verhalten ihm echter erscheint.

Auch wenn die Schlußfolgerung, zu der er gelangt, für ihn verletzend und irritierend sein sollte (eine Schlußfolgerung, die richtig oder falsch sein kann, jedoch in der Folge stets von weiteren Erfahrungen integriert und/oder korrigiert werden kann), ist der Junge nicht daran gehindert, weitere Entscheidungen in der Beziehung zu seiner Mutter zu treffen: Bis zu diesem Punkt bleiben die Auswirkungen des Verhaltens im Bereich der rekursiven Kette, die stets weitere Lernschritte offenläßt.

Die *Unentscheidbarkeit* hingegen ist der pragmatische Effekt eines ganz bestimmten Schlusses (nämlich einer unzulässigen Totalisierung), der jeden weiteren Entscheidungsschritt unmöglich macht und in der Regel nicht korrigiert werden kann.

In diesem Fall würde der Sohn sich nicht einfach sagen: „Ich verstehe die Gefühle meiner Mutter nicht", sondern darüberhinaus denken: „Ich verstehe nie etwas". Diese unzulässige Totalisierung versetzt wiederum die Mutter in Alarm, und sie erwidert: „Aber, Lieber, du verstehst immer alles."

Beide Äußerungen sind Ausdruck einer unzulässigen Totalität, da sie dem Verstehen bzw. dem Nicht-Verstehen keinerlei Grenzen setzen. Wenn die beiden ihre Behauptungen eingegrenzt hätten, wie zum Beispiel: *„In diesem Moment* verstehe ich nichts" und: „Aber, Lieber, du hast *meinen Gemütszustand* immer verstanden", so hätten sie die Paradoxie vermieden.

Aber so, wie die Behauptungen geäußert wurden, führen sie zur Unentscheidbarkeit; denn wenn wahr ist, was der Junge sagt, nämlich daß er nie etwas versteht, so kann er auch nicht verstehen, daß er nicht versteht: Also ist seine Aussage falsch; wenn seine Aussage jedoch falsch ist, so ist die der Mutter wahr. Wenn aber wahr ist, was die Mutter sagt, nämlich daß der Sohn immer alles versteht, so muß sie ihm auch glauben, wenn er sagt, daß er niemals etwas versteht: Also ist ihre Aussage falsch. Wenn jedoch die Aussage der Mutter falsch ist, so ist die des Sohnes wahr...

Das Paradox produziert also nicht einen Stillstand, sondern ein unendliches Oszillieren, das die eine Aussage ebenso wahr erscheinen läßt wie ihr Gegenteil; ein Paradox kann gleichzeitig zwei konträre Gesichtspunkte bestätigen, und es ist nicht leicht, es zu widerlegen.

Eine unzulässige Totalisierung zieht also eine ganze Reihe von Konsequenzen nach sich, die eine schwere Last für die zukünftige interpersonelle Beziehung darstellen:

a) Die Vermutung des einzelnen Individuums verwandelt sich in ein *Axiom:* Derjenige, der es äußert, hält es für unzweifelhaft bewiesen, und er ist deshalb nicht gewillt, es zu korrigieren;

b) das Paradox führt zu einem kontinuierlichen Oszillieren zwischen ja und nein: Es macht also die für das Senden und Empfangen von Informationen notwendige Unterscheidung zunichte;

c) da es zu einem unendlichen Oszillieren kommt, wird jedes räumliche und zeitliche Maß ausgeschaltet;

d) die in eine unzulässige Totalität verwickelten Personen sind nicht mehr fähig, ihre Irrtümer zu erkennen, und verhalten sich damit ähnlich wie von Neumanns Spieler, der nicht über die Lernebene 0 hinauskommt, da er, wie Bateson bemerkt, „zwar mit gutem Grund seine Versuchs- und Probezüge machen kann, aber per definitionem unfähig ist, durch Versuch und Irrtum zu lernen."

Konvergenz (und Divergenz) der Totalität

Wir haben gesehen, wie das Paradox sich in einer interpersonellen Beziehung mit zwei oder mehr Personen herstellt. Doch auch ein einzelnes Indivduum kann in eine unzulässige Totalisierung verfallen; für gewöhnlich kann es darin aber nur verharren, wenn es von anderen unzulässigen Totalitäten entweder Bestätigung *(konvergente Totalität)* oder Widerspruch *(divergente Totalität)* erfährt. Die Totalität tendiert ihrem Wesen nach dazu, sich nur in totalisierenden Kontexten zu entwickeln, innerhalb derer sie neue Totalitäten produzieren und/oder sich mit anderen, bereits bestehenden Totalitäten verbinden kann.

Eine unzulässige Totalität speist sich notwendigermaßen aus anderen Totalitäten; wenn diese fehlen, so verliert sie ihren Sinn und erlischt allmählich. Diese Beobachtung deutet schon jetzt einen Ansatzpunkt für die Therapie der pathogenen Paradoxie an.

Innerhalb eines Systems neigen die unzulässigen Totalitäten also dazu, sich gegenseitig zu stabilisieren, auch wenn sie in offensichtlichem Kontrast zueinander stehen – dank einiger Eigenschaften, die sie, wie wir sehen werden, in jedem Fall gemeinsam haben.

Seit einigen Monaten benimmt sich Elena seltsam: Sie läuft unbekleidet und barfuß aus dem Haus, und wenn die Eltern sie daran zu hindern suchen, schlägt sie auf sie ein. Das Mädchen schiebt die ganze Schuld für ihr auffälliges Verhalten dem Umstand zu, daß die Eltern ihr nicht beigebracht hätten, „wie man dem Leben zu begegnen hat". Ihre Forderung an die Familie ist: „Laßt mich selbständig werden."

Die Mutter ist nur teilweise dieser Meinung, sie sieht die Sache von ihrer Warte aus; und sie sagt zu Elena: „Du mußt dir Mühe geben, selbständig zu werden." Elenas Schwester hat, obwohl sie jünger ist, bereits das Elternhaus verlassen und lebt zusammen mit einer Freundin; sie teilt voll und ganz die Meinung der Mutter. Dem Vater zufolge jedoch, der für Elena stets eine Schwäche gehabt hat, „muß Elena die Freiheit gelassen werden, selbst über ihr Leben zu entscheiden."

In einem stabilen interaktiven System bilden in der Regel einige Mitglieder miteinander eine konvergente Totalität, die in mehr oder minder offenem Konflikt zur Totalität der anderen Mitglieder steht. Ein drittes Mitglied des Systems kann schließlich eine gesonderte Form von Totalität ausbilden (die *vermittelnde Totalität*), dessen spezielle Funktion in der Versöhnung der beiden anderen kontrastierenden Totalitäten zu bestehen scheint. Diese bestimmte Form der unzulässigen Totalität, die sich fast immer als Symptom äußert, ist diejenige, die sich der sogenannte identifizierte Patient auflädt. Wenn man das Verhalten des identifizierten Patienten gegenüber den übrigen Mitgliedern des Systems und deren Verhalten ihm gegenüber beobachtet, könnte man daraus schließen, daß diese Person von sich und den anderen dazu ausersehen ist, alleine das ganze System zu repräsentieren.

Kurz nach der Hochzeit zieht Erminia, die lange Zeit in einem kleinen süditalienischen Dorf, ihrem Geburtsort, gelebt hat, zusammen mit ihrem Mann in eine große Stadt im Norden Italiens. Nach ein paar Monaten schlägt sie ihrem Mann vor, ihre Eltern, die allein in dem Dorf zurückgeblieben sind, zu sich zu holen, und ihr Mann stimmt dem Vorschlag zu.

Bereits nach kurzer Zeit des Zusammenlebens bilden sich in diesem neuen, erweiterten System zwei kontrastierende Totalitäten heraus, die miteinander in Konflikt geraten. Die Eltern, die einer Kultursphäre angehören, in der das Aktionsfeld der Frau gänzlich aufs Häusliche beschränkt ist, meinen, Erminia „täte besser daran, zu Hause zu bleiben"; ihr Mann hingegen, der von ihr eine Beteiligung an den Lebenshaltungskosten erwartet, ist der Meinung, Erminia „muß die Freiheit haben, arbeiten gehen zu können".

Die Wahl zwischen den beiden divergierenden Totalitäten von Eltern und Ehemann stellt Erminia vor das Dilemma, entweder die einen oder den anderen enttäuschen zu müssen. So entscheidet Erminia, sich nicht zu entscheiden: Sie entwickelt eine schwere Form von Agoraphobie, die es ihr unmöglich macht, das Haus zu verlassen, und die es ihr zugleich ermöglicht, die paradoxen Forderungen, die an sie gestellt werden, zu schlichten, ohne jemanden zu verletzen. Ihr Mann ist zufrieden, denn wenn sie gesund wäre, würde sie arbeiten gehen, wie er es möchte, und ihre Eltern sind ebenfalls zufrieden, denn da sie nicht gesund ist, bleibt sie zu Hause, wie sie es möchten.

Die paradoxen Überzeugungen

Die Tatsache, daß Paradoxien sich häufig in Form von lapidaren Injunktionen präsentieren, darf nicht zu dem Glauben verleiten, daß das Paradox wesentlich aus einem einzigen Satz besteht und daß es dieser einzige Satz ist, der die unentscheidbaren komplexen Beziehungen entstehen läßt, die das dysfunktionale System kennzeichnen. Entsprechend kann, wie wir sehen werden, das therapeutische Paradox nicht aus einer einzigen Verschreibung bestehen.

Das pathogene Paradox kann sich zuweilen durch ein „Sei spontan" oder ein „Du darfst mir nicht gehorchen" herstellen, doch in Wahrheit sind diese Sätze nichts anderes als das Produkt einer Reihe von *Überzeugungen,* denen die unzulässige Totalisierung entspringt.

Diese Überzeugungen lassen sich nicht nur an einzelnen Sätzen erkennen, sondern auch anhand einer Reihe von Verhaltensweisen, Gesten und Erwartungshaltungen, die auf ein totalisierendes Verhältnis zu den anderen hinweisen. Im vorhergehenden Kapitel haben wir die Bedingungen erörtert, unter denen eine unzulässige Totalisierung entstehen kann; wir wollen nun sehen, welches die Überzeugungen (denen ebenso viele Paradoxien entsprechen) sind, aus denen sie entspringen.

Das Beziehungs-Paradox

Man kann an Mitgliedern eines Systems, in dem das pragmatische Paradox herrscht, die Neigung feststellen, das Detail mit dem Ganzen zu verwechseln und insbesondere *einen Teil der Beziehung für die ganze Beziehung zu halten.*

Die Definitionen, Vorschriften, Vorhersagen und anderen Verhaltensweisen, die in einem sogearteten System entstehen, weisen auf die von allen geteilte Überzeugung hin, daß ein einzelnes Individuum, eine einzige Interaktion oder gar eine einzelne Botschaft alle Beziehungen, eine ganze Beziehung oder einen ganzen Bereich einer Beziehung in sich enthalten. In der Tat betreffen die paradoxen Definitionen, Vorschriften und Vorhersagen in der Regel (in an Schwere abnehmender Reihenfolge):

a) alle Beziehungen;

b) die ganze aktuelle Beziehung;

c) einen gesamten Bereich (meist den, der als der wichtigste erachtet wird) der aktuellen Beziehung.

Wenn zum Beispiel die Ehefrau zu ihrem Mann sagt: „Du ergreifst niemals die Initiative", so beinhaltet diese Behauptung eine Totalisierung, die den Mann in all seinen nur möglichen Beziehungen als initiativelos bezichtigt. Hingegen wird die Behauptung eingegrenzt auf eine einzige Beziehung, wenn die Frau sagt: „Du ergreifst mir gegenüber niemals die Initiative", oder auf einen einzigen Bereich der Beziehung, wenn sie sagt: „Du ergreifst in unseren sexuellen Beziehungen niemals die Initiative."

Die komplementäre (und ebenso totalisierende) Antwort des Mannes könnte lauten: „Ihr müßt mir sagen, was ich tun soll", oder, wenn es sich nur um die Beziehung zu seiner Frau handelt: „Du mußt mir sagen, was ich für dich tun soll."

Das Paradox der Individuation

In den Paradoxien, die in einem stabilen interaktiven System stattfinden, findet man immer *Forderungen zur Individuation*, die ein Teil des Systems einem seiner Mitglieder stellt. Die irrtümliche Überzeugung gründet in diesem Fall auf dem Mythos der Individuation, der Selbständigkeit und Unabhängigkeit (der sich in den Industrieländern immer weiter verbreitet) und auf der Furcht vor interpersoneller Abhängigkeit.

Individuation und Abhängigkeit treten in allen Phasen des Lebenszyklus stets vereint und zur gleichen Zeit auf (wenn auch in phasenweise wechselnden Proportionen). Da ein gewisser Grad an Abhängigkeit stets in Kauf genommen werden muß, ist die Forderung nach *totaler Individuation* offensichtlich unzulässig.

Die Forderung nach Individuation muß stets abgestimmt sein auf den Entwicklungsstand, in dem der Aufgeforderte sich befindet. Da der Prozeß der Individuation eines Individuums mit seiner Ontogenese beginnt und daher jede biologische Entität sich vom Augenblick ihres Existierens an beständig, wenn auch nur schrittweise, individuiert, ist evident, daß die Forderung nach Individuation vom ersten Augenblick an gerechtfertigt ist. Es muß an dieser Stelle also festgelegt werden, auf welche Weise diese Forderung in Übereinstimmung mit den verschiedenen Phasen des Lebenszyklus gebracht und damit zulässig werden kann, unter Berücksichtigung dessen, daß, wie gesagt, stets ein gewisser Grad von Abhängigkeit in Kauf genommen werden muß.

Der Grad der Individualität wächst von der Geburt eines Individuums bis zu seiner vollständigen Reife kontinuierlich an und erreicht im Erwachsenenalter seinen Höhepunkt; gleichzeitig nimmt die Notwendigkeit der Abhängigkeit proportional dazu ab. Die Individuation vollzieht sich graduell und gebietsweise: zunächst die Bewegungskoordination, sodann die Lokomotion, die Sprachbildung, die Ernährung, die sexuelle Reifung usw.

Wenn eine Mutter von ihrem kleinen Sohn verlangt, er solle von nun an alleine essen, und der Sohn die dazu notwendigen intellektuellen und motorischen Fähigkeiten bereits erworben hat, so liegt in dieser Forderung keine Totalisierung; denn der Befehl, den das Kind erhält, ist nicht totalisierend, sondern begrenzt und wohldefiniert. Die Zulässigkeit der Forderung ist dadurch gegeben, daß das Kind zu diesem Zeitpunkt imstande ist, sie zu erfüllen.

Wäre der Befehl jedoch verfrüht, zu einem Zeitpunkt, an dem das Kind noch nicht weit genug entwickelt ist, um ihn ausführen zu können, würde sich wahrscheinlich ein Circulus vitiosus einstellen, der ihm die zukünftige Erwerbung der entsprechenden Fähigkeit gründlich erschwert.

Würde das Kind den Befehl verweigern oder erfolglos auszuführen versuchen und würde die Mutter auf das Kind eindringen, so könnte in dem Kind ein wachsendes Mißtrauen gegenüber den eigenen Fähigkeiten entstehen, was die Mutter wiederum dazu veranlassen könnte, noch stärker auf es einzudringen, um zu dem gewünschten Ergebnis zu gelangen usw.

Wir haben hier also eine irrtümliche Überzeugung vor uns, die darin besteht, daß *ein mit der Realität nicht übereinstimmender und nicht definierter Grad der Individualität und Selbständigkeit gefordert wird, der zu einer mehr oder minder schweren Verzögerung der gegenseitigen Individuation zwischen dem Individuum und dem System führt, dem es angehört.* Wir möchten betonen, daß die Paradoxien, die sich im Familiensystem abspielen, in Wirklichkeit häufig das Resultat eines verzweifelten Versuchs der Emanzipation sind, auch wenn dieser Versuch so ausgeführt wird, daß dadurch das Band noch enger geknüpft und die Abhängigkeit noch gesteigert wird.

Schließlich möchten wir nochmals daran erinnern, daß das Individuum, an das die Fordung der Individuation gerichtet ist, dieses Paradox mittels einer eigenen unzulässigen Totalisierung nährt, die darin besteht, daß es seine Individuation von den anderen einfordert.

Wenn wir den Prozeß der systematischen Totalisierung, der dem Paradox der Individuation entspringt, mit den üblichen emblematischen Sätzen ausdrücken wollten, so hätten wir einerseits die paradoxe Forderung (die meist an den identifizierten Patienten gerichtet wird): „Du mußt selbständig werden", die andrerseits mit der ebenso paradoxen Äußerung: „Laßt mich selbständig werden" beantwortet wird.

Das Ausschließlichkeits-Paradox

Die Überzeugung, daß die Wirklichkeit − insbesondere die der Beziehung zu den anderen − unter dem Aspekt des Entweder-Oder (aut-aut) betrachtet werden müsse, ist bei Mitgliedern eines von pathogenen Paradoxien beherrschten Systems besonders ausgeprägt.

Die Neigung, sich einer bestimmten Meinung zu verschreiben und *jegliche Alternative auszuschließen*, bewirkt, daß die Mitglieder dieser Familien jeden nur möglichen Kontakt zwischen sich und ihrer inneren und äußeren Welt einer Gegensätzlichkeit unterziehen, aufgrund derer sie sich stets in einer Pro- oder Kontra-Position befinden.

Eine Reihe von absoluten Dichotomien kommt dabei heraus: wahr-falsch, gut-böse, gesund-krank, fähig-unfähig usw., und auch all diejenigen, die mit Familien dieses Typs in Beziehung treten, werden in diese absolute Gegensätzlichkeit eingereiht.

Das System und seine Mitglieder sind nicht imstande, sich ein „Sowohl-als-Auch" vorzustellen.

Das Entscheidungs-Paradox

Die Freiheit der Entscheidung ist die notwendige Voraussetzung für die Herstellung und Übermittlung von Informationen, es besteht sogar ein direkt proportionales Verhältnis zwischen der Freiheit der Entscheidung und der Quantität der verwertbaren Information.

Bateson hat aufgrund der Entscheidungsfähigkeit, mit der ein Individuum ausgestattet ist, verschiedene Lernebenen unterschieden.

Auf *Lernebene 0* ist jegliche Entscheidung unmöglich, und damit kann es auch zu keinem Irrtum und keiner Korrektur des Irrtums kommen. Auf dieser Ebene folgt auf jeden Stimulus eine spezifische, immer gleiche Antwort.

Ein Beispiel einer Interaktion auf der Lernebene 0 ist der Fall eines Alkoholikers, der seiner Frau, die damit droht, ihn zu verlassen, verspricht, mit dem Trinken aufzuhören. Kaum ist der Sturm vorüber, kommt der Ehemann wiederum betrunken nach Hause und verspricht sogleich, es nie wieder zu tun; seine Frau läßt sich erneut zum Dableiben bewegen. Keiner der beiden ist imstande, die Reaktionen zu korrigieren, in die sie trotz beiderseitiger Unzufriedenheit immer wieder zurückfallen.

Auf *Lernebene 1* ist die Entscheidung zwischen einer Reihe von Alternativen und damit auch eine Korrektur möglich, die notwendig wird, wenn sich eine Entscheidung als irrtümlich herausstellt.

Ein Sohn, der nach zahlreichen schlechten Erfahrungen beschließt, sich nicht mehr zwischen Vater und Mutter zu stellen, wenn diese streiten, und dessen Eltern, die feststellen, daß sie, wenn sie sich nicht auf den Sohn stützen, ihre Konflikte erfolgreicher austragen können, haben einen Prozeß auf Lernebene 1 durchgemacht.

Lernebene 2 beschränkt sich nicht auf die Entscheidung zwischen Alternativen, sondern geht weiter zur Bildung von Alternativ-Komplexen, zwischen denen wiederum entschieden wird. Mit anderen Worten: Auf Lernebene 2 kann das Ergebnis von Lernebene 1 modifiziert oder in andere Kontexte transponiert werden. Es ist anzunehmen, daß sich auf dieser Ebene die (auf den vorhergehenden Erfahrungen basierenden) Überzeugungen herausbilden und konsolidieren, die das Verhalten des Individuums in seiner Beziehung zu den anderen bestimmen.

Wenn der junge Mann, der gelernt hat, sich von seinen Eltern nicht mehr in ihre Streitereien verwickeln zu lassen, beschließt, dieses Verhalten künftig auch gegenüber seinen Berufskollegen zu praktizieren, so bewegt er sich damit auf eben dieser Lernebene. Ebenso tun dies die Eltern, wenn sie aufgrund der Erfahrung, die sie mit ihrem Sohn gemacht haben, künftig nicht mehr ihre Stammverwandten zu ihren Auseinandersetzungen hinzuziehen.

Lernebene 3 besteht in einer Umwandlung des Prozesses von Lernebene 2: nämlich in einem Übergang zu einem neuen Entscheidungssystem, was der Möglichkeit gleichkommt, neue Modalitäten bei der eigenen Überzeugungsbildung zu wählen. Bateson betont, daß dieser Lernvorgang selten und schwierig ist, auch für den Menschen, dem einzigen Lebewesen, das ihn zu vollziehen imstande ist.

Bateson hebt hervor, daß Lernebene 2 durch Lernebene 3 bereichert werden kann, daß sie aber paradoxerweise auch von ihr reduziert werden kann, und daß „die Aufforderung zur Erfüllung dieser Lernebene bei Menschen und Säugetieren zuweilen pathologische Reaktionen hervorrufen kann" (Bateson, 1972b, S. 319).

Wir halten diese Bemerkung Batesons zu Lernebene 3 für sehr wichtig, denn u.E. liegt in ihr der Schlüssel zum Verständnis des „Paradoxes der Entscheidung": einer unzulässigen Totalisierung, die die Basis für die Psychopathogenese der funktionalen Psychosen bildet.

Die totalisierende Überzeugung, die das Paradox der Entscheidung in Gang setzt, ist der Vorstellung verbunden, man könne dem anderen einen Prozeß der Lernebene 3 vorschreiben (und ihn auch erhalten). Seit langem, vielleicht schon seit jeher strebt der Mensch danach, die Prämissen der zweiten Ebene bei seinem Nächsten ändern zu können. In einem Familiensystem oder in einer Zweierbeziehung wird dieser Wunsch durch die wechselseitige Gefühlsbindung noch verstärkt.

Zuweilen wird dieser Versuch, die Überzeugungen des anderen zu ändern, zum Hauptzweck einer Beziehung, und nicht selten begegnet man Ehen, die von Anfang an um eines solchen Zweckes willen geschlossen worden sind.

> Als Giulia Arnaldo heiratete, war ihr bewußt, daß er ein schüchterner und introvertierter Mensch war. Sie hatte diesen Typ Mann nie gemocht: Ihr gefielen mehr die heiteren und geselligen Menschen, und Arnaldo war ganz und gar nicht so. Doch als Giulia ihn kennenlernte, hatte sie gedacht: „Es wird mir schon gelingen, ihn so zu ändern, daß er mir gefällt, ich werde ihm Fröhlichkeit und viele Freunde ins Haus bringen. Das wird ihm gefallen, und dann wird er aus sich herausgehen."

Natürlich werden solche Erwartungen von der Wirklichkeit fast immer enttäuscht. Das gleiche kann sich in einem Familiensystem zwischen Eltern und Kindern abspielen, wenn sie gegenseitig versuchen, die als unangemessen erachteten Überzeugungen und Verhaltensweisen der jeweils anderen zu modifizieren.

Bevor Giuliano damit begann, unordentliche Hieroglyphenzeichen und Zahlen aller Größen an die Wände zu schreiben und noch andere merkwürdige Dinge zu tun, war er ein mustergültiger Junge. Doch er mochte keine Mathematik und er hatte immer Zeichnen und andere künstlerische Tätigkeiten bevorzugt. Vater und Mutter aber waren der Meinung, daß er sich durch Zeichnen keine Zukunft schaffen könne: Er sollte Mathematik studieren und Elektronikingenieur werden.

Um diese „verborgene Begabung", wie sie es zu nennen pflegten, zu fördern, schenkten sie Giuliano zu seinem sechzehnten Geburtstag einen höchst kostspieligen Computer, der jedoch unbenutzt blieb. Fast allabendlich brachte der Vater eine mathematische Zeitschrift mit nach Hause, die er Giuliano voller Begeisterung präsentierte, doch die Zeitschriften häuften sich auf dem Nachttisch des Jungen, ohne daß er auch nur darin geblättert hätte.

Am Tage, bevor die Krise ausbrach, die die Eltern in das Sprechzimmer eines Arztes trieb, hatte die Mutter ein paar Stunden damit zugebracht, Giuliano zu erklären, daß Zahlen im Grunde Zeichnungen sind und daß sie ihm deshalb eigentlich gefallen müßten.

Die zum Paradox der Entscheidung führende Forderung kann zuweilen bestimmt sein wie im obengenannten Fall, zuweilen auch mehr oder minder unbestimmt. Doch ist eine solche Forderung oder Vorschrift ihrem Wesen nach totalisierend und führt unweigerlich auf Lernebene 0, auch wenn die vorgeschriebene Entscheidung bestimmt ist, denn auch die unterste Entscheidungsebene (Lernebene 1) erfordert eine gewisse Menge von Alternativen. Außerdem kann eine Entscheidung, die von anderen vorgeschrieben wird, nicht mehr als freie Entscheidung bezeichnet werden.

Nochmals möchten wir betonen, daß der dieses Paradox hervorrufende Versuch, den anderen zu ändern oder (was das gleiche ist) seine Entscheidungen zu beeinflussen, der festen Überzeugung entspringen kann, daß der andere sich besser ändern sollte, wie ihm vorgeschrieben wird. Trotz der guten Absicht, die hinter diesen als notwendig erachteten Vorschreibungen liegt (eine totalisierende Überzeugung, die auch unter Therapeuten weit verbreitet ist), ist der Effekt der, daß Änderungen und Entscheidungen verhindert werden.

Auch diese Art Paradox kann, wie die anderen, sich in Form eines verbalen Gebots ausdrücken, das in diesem Falle lauten würde: „Du mußt alleine entscheiden", oder auch: „Du mußt spontan entscheiden"; doch häufiger drückt sich die paradoxe Überzeugung in Gesten und Verhaltensweisen aus, die den Wunsch erkennen lassen, den anderen zu ändern, auch wenn es nicht zu Befehlssätzen kommt. Die komplementäre Totalität, die diesem Paradox als Antwort entgegnet wird, lautet in den meisten Fällen: „Entscheide du für mich", in schwereren Fällen jedoch (ein Verhalten, das als schizophren definiert wird): „Ich entscheide, nichts zu entscheiden."

Diese Entscheidung (denn auch die Entscheidung, nichts zu entscheiden, bleibt stets eine Entscheidung) erlaubt dem Schizophrenen (und den Mitgliedern seiner Familie), „die Kunst der Beziehung in der Nicht-Beziehung und der Nicht-Beziehung in der Beziehung" zu entwickeln (Racamier, 1980).

7. Kapitel

Vom pathogenen zum therapeutischen Paradox

Wenn das, was wir für Leid und Qual halten, in Wirklichkeit nicht Leid und Qual ist, sondern nur dank unserer Einbildung dazu wird, so liegt es in unserer Macht, es zu ändern.

(Montaigne, „Essays")

Wie wir gesehen haben, liegt der Ursprung des pathogenen Paradoxes in einer Reihe von paradoxen Überzeugungen, wie dem Paradox der Beziehung, dem Paradox der Individuation, dem Paradox der Ausschließlichkeit und dem Paradox der Entscheidung. Das *Paradox der Beziehung* produziert Unentscheidbarkeit, das *Paradox der Individuation* provoziert ein Anwachsen der Abhängigkeit, das *Paradox der Ausschließlichkeit* macht die Berücksichtigung des „Sowohl-als-Auch" unmöglich, das *Paradox der Entscheidung* verhindert eine Überschreitung der Lernebene 0.

Bevor wir uns der Therapie und ihren Möglichkeiten zuwenden, möchten wir auf einen Aspekt hinweisen, der die oben erwähnten paradoxen Überzeugungen in Bezug zu den logischen und pragmatischen Paradoxien setzt.

Im 3. Kapitel haben wir anhand der Ausführungen zur rekursiven Kette gesehen, daß die Paradoxien durch bestimmte Überschreitungen der Komplexitätsstufen entstehen. Doch auch die paradoxen Überzeugungen entstehen, gleich wie andere Paradoxien, durch eine Verletzung der Prinzipien der Komplexität, wodurch es unter den beschriebenen Umständen zu totalisierenden Beziehungssystemen kommen kann.

Wir möchten nun sehen, welcherart diese Verletzungen der Prinzipien der Komplexität sind, und entsprechend möchten wir die Voraussetzungen für eine Psychotherapie erörtern, die diese Prinzipien berücksichtigt und als spezifische Antwort auf die unzulässigen Totalisierungen gelten kann, die die Pathologie heraufbeschwört haben.

Duldung der Ambiguität

Wenn die Ambiguität eine Eigenart der menschlichen Beziehungen ist, so versteht sich, daß sie vom Therapeuten in gewissem Maß akzeptiert werden muß. Der Ehrgeiz des Therapeuten, bestimmte und schlüssige Antworten geben zu können, ist ein Ausdruck seines irrationalen Bedürfnisses nach Rationalität und seiner mangelnden Bereitschaft, ambigue Botschaften zu dulden. Doch ambigue Botschaften, so irrational und unverständlich sie häufig auch scheinen mögen, haben ihren Wert, und oft ist ein Mangel an Eindeutigkeit bei den Familien oder den Patienten bedeutsamer als manche erzwungene (und meist nur vorübergehende) Festlegung.

Symptome insbesonders sind per definitionem ambigue, und die Versuche, sie auf eindeutige Wahrheiten zurückzuführen, sind meist zum Scheitern verurteilt oder reduzieren sie auf unangemessene Weise: Das würde bedeuten, „eine extrem komplexe Mitteilung (...) auf absurd einschränkende Weise zu banalisieren, etwa so, als wolle man ein Werk Shakespeares in einem einzigen Satz zusammenfassen" (Haley, 1973, S.19f.).

Die Therapie *muß sich der Komplexität der Symptome bewußt sein und die ihnen innewohnende Ambiguität respektieren.* Der *naturalistische Ansatz* von Milton H. Erickson kommt dieser Forderung am nächsten: „Ein Therapeut, der seinem Patienten helfen will, darf dessen Äußerungen niemals verwerfen, verdammen oder ablehnen, nur weil sie hemmend, unvernünftig oder gar irrational sind. Das Verhalten des Patienten ist ein Teil des Problems, das dem Therapeuten dargelegt wird; es stellt die persönliche Atmosphäre her, innerhalb derer die Therapie stattfinden soll; es kann die dominierende Kraft im Arzt-Patient-Verhältnis herstellen. Da alles, was der Patient dem Therapeuten darlegt, in einem bestimmten Sinne ein Teil von ihm und damit auch ein Teil seines Problems ist, muß der Patient mit Verständnis behandelt und in der Ganzheit gewertet werden, in der er dem Therapeuten gegenübertritt. Dieser darf sich daher nicht auf eine Bewertung dessen, was gut und vernünftig ist, beschränken und dies als Basis für seine therapeutischen Schritte benutzen. Manchmal, oder besser: viel häufiger, als man sich dessen bewußt ist, kann die Therapie nur dann eine solide Basis finden und sich stabilisieren, wenn sie sich alberner, absurder, irrationaler und widersprüchlicher Äußerungen bedient" (Milton H. Erickson, 1965, S.790).

Komplexe Wahrheiten

Die unzulässigen Totalisierungen, die zu einer Pathologie führen, sind von der Suche nach absoluten Wahrheiten und von der Tendenz gekennzeichnet, die Dinge stets mittels der Dichotomie Wahr-Falsch zu beurteilen. Hier herrscht die Neigung vor, in den Termini Entweder-Oder zu denken und jedwede Äußerung der sie umgebenden Realität eindeutig zu bewerten.

Wenn das Hauptziel der Therapie darin besteht, das Spektrum der Entscheidungsmöglichkeiten zu vergrößern, so kann dies, in Übereinstimmung mit den Prinzipien der Komplexität, nicht durch eine Verringerung der herrschenden Unsicherheiten geschehen, sondern (bis zu einem gewissen Grad) nur durch ihre Vermehrung (Jantsch, 1980, S.267).

Dieselbe Aussage kann sich also zur gleichen Zeit als wahr und falsch erweisen: In diesem Sinne kann man niemals ganz und gar lügen und niemals ganz ehrlich sein.

Natürlich heißt das nicht, daß die Therapie sämtliche Vereinfachungen eliminieren und sie durch ebensoviele Komplexitäten ersetzen soll: Das würde den unzähligen Totalisierungen im Entweder-Oder-Schema nur noch eine weitere hinzufügen. Die Komplexität ist, wie Morin (1980) bemerkt, die Vereinigung von Vereinfachung und Komplexität. Das eine darf uns nicht dazu verleiten, das andere auszuschalten; ausschließliche Vereinfachung und ausschließliche Komplexität führen, wenn auch über unterschiedliche Wege, beide zur unzulässigen Totalität.

Die Planung des Unvorhersehbaren

Die Fähigkeit zur Vorhersage und vor allem die Erwartung, daß die Vorhersagen sich realisieren, gehören ins Reich der Vereinfachungen. Die Komplexität menschlicher Beziehungen macht die Fähigkeit der Vorhersage in extremer Weise vom Zufall abhängig. Das System entwickelt per definitionem Eigenschaften, die über jene seiner Individuen hinausgehen, und die Individuen verlieren einige Eigenschaften, die sie hätten, wenn sie nicht ein Teil jenes Systems wären.

Auftauchen und Verschwinden dieser Eigenschaften bewirken, daß jede Vorhersage über das Verhalten des Systems ausgesprochen schwierig wird. „Die Komplexität", sagte Jean-Louis Moigne, in Anlehnung an eine Äußerung von Paul Valéry, „ist die *Unvorhersehbarkeit an sich*" (Moigne, 1985).

Ein Therapeut, der auf ein Familiensystem einwirkt, soll auf Vorhersagen nicht verzichten, wenn sie im Bereich des Möglichen und nicht in dem des Notwendigen bleiben. Er muß darüberhinaus das Unvorhersehbare in die Planung seiner Intervention miteinbeziehen, denn damit kann er einerseits der Familie dabei behilflich sein, ihre eigenen totalisierenden Vorhersagen wieder ins richtige Lot zu bringen, und andrerseits ist es für eine erfolgreiche Beendung der Therapie wünschenswert, daß nach Beseitigung der Hemmnisse, die die Familienmitglieder in ihren Entscheidungen einschränkten, die neuen Entscheidungsalternativen dem Einfluß des Therapeuten so weit wie möglich entzogen sind.

Prinzipien einer paradoxen Therapie

Eingedenk dieser Voraussetzungen und der unzulässigen Totalisierung, die es zu lösen gilt, möchten wir nun einige Prinzipien darstellen, die u.E. einer paradoxen Therapie zugrunde liegen müssen.

Therapie als Einschränkung

Wenn die Pathologie von einer unzulässigen Totalisierung herrührt, so ist dies der Punkt, an dem die Therapie eingreifen muß, um den Knoten der Unentscheidbarkeit zu lösen und dem System wieder zu einer Entwicklungsfähigkeit zu verhelfen. Es gehört nicht zu den Aufgaben des Therapeuten, auf andere Verhaltensgebiete einzuwirken oder der Familie zu verordnen, welche Entscheidungen sie treffen soll.

Darüber hinaus wird, wie wir im vorangegangenen Kapitel gesehen haben, die unzulässige Totalität durch andere konvergente oder divergente Totalitäten gesteigert und genährt, während sie angesichts einem nicht totalisierenden Verhalten zum Erlöschen neigt.

Während innerhalb einer unzulässigen Totalität alle nur möglichen Verhaltensweisen gefordert oder vorgeschrieben werden, fordert und schreibt die Therapie nur die dysfunktionalen Verhaltensweisen vor; die *Therapie ist Beispiel für eine legitime Einschränkung.* In der Tat greift der Therapeut *nur in einen Teil* des Verhaltens und der interaktiven Modalitäten der Familien ein, und sein Eingriff *ist legitimiert durch das Anliegen* oder das Symptom, die an ihn herangetragen werden.

Die paradoxe Therapie basiert auf dem Prinzip, daß die Funktion des Therapeuten darauf begrenzt ist, die unzulässige Totalität und die daraus resultierenden dysfunktionalen Verhaltensweisen aufzulösen und nicht in andere Verhaltensgebiete einzugreifen, so lange er nicht ausdrücklich dazu aufgefordert wird.

Im übrigen folgt die Therapie denselben interaktiven Modalitäten, die ihr von der Familie oder dem Patienten präsentiert werden. Mit anderen Worten: Die Familien und/oder der Patient indizieren die Behandlung, die sie brauchen; in der vorgetragenen unzulässigen Totalität oder dem Symptom liegt der Schlüssel für die Art des therapeutischen Eingriffs, und wenn Totalität und Symptom bis an ihre äußersten Grenzen geführt werden, so lösen sie sich selbst auf. Auch in dieser Hinsicht ist also die Rolle des Therapeuten sehr begrenzt.

Wir möchten hierzu nochmals Erickson zitieren: „Zuviele Therapeuten laden dich zum Abendessen ein und schreiben dir dann vor, was du bestellen sollst. Ich lade den Patienten zu einem therapeutischen Essen ein und sage zu ihm: ‚Bestellen Sie selbst', und er bestellt die Speisen, die er mag. Er wird darin nicht von meinen Anweisungen gestört, die nur seinen inneren Prozeß hemmen und ihn verwirren würden" (Erickson, 1980, S.178).

Die Bedeutung der Abhängigkeit

Der Befehl oder die Aufforderung zur Unabhängigkeit (Paradox der Individuation) ist ein entscheidendes Element des pathogenen Paradoxes. „Du mußt unabhängig werden", „Sei selbständig", „Sei spontan", „Du darfst mir nicht gehorchen", „Du mußt die Initiative ergreifen" sind einige der bekanntesten Formen dieses Paradoxes. Wie wir schon festgestellt haben, muß das Paradox der Unabhängigkeit keineswegs immer so deutlich in Form von Befehlen formuliert werden; häufig drückt die Aufforderung zu mehr Unabhängigkeit sich mittelbarer aus, zum Beispiel in Sätzen wie diese: „Es würde mich freuen, wenn du deinen Weg fändest", „In deinem Alter bin ich längst allein zurecht gekommen", „Deine Schwestern sind alle schon außer Haus", usw. Oftmals reichen bereits nichtverbale Botschaften aus (wie etwa ein Seufzen bei jedem Vorkommnis, das auf Unselbständigkeit hinweist, Anzeichen der Mißbilligung, wenn der Versuch einer selbständigen Handlung aufgegeben wird usw.).

Nicht selten kann man auch bei Therapeuten ähnliche Verhaltensweisen antreffen, wenn sie versuchen, ihre Familien oder Patienten zu mehr Selbständigkeit und Unabhängigkeit zu ermutigen.

In der paradoxen Therapie ermutigt der Therapeut nicht zur Selbständigkeit oder Unabhängigkeit; er unterläßt dies aber nicht etwa, weil er darin nicht ein erstrebenswertes Ziel sähe, er möchte vielmehr erreichen, daß die Familie nach erfolgreicher Intervention fähig ist, aus eigenen Kräften an dieses Ziel zu gelangen und nicht auf Anregung des Therapeuten hin.

Die paradoxe Intervention wird darin bestehen, die *Abhängigkeit und bestehende Bindung beizubehalten oder gar zu steigern*. Man sollte darin jedoch nicht ein bloß instrumentelles Vorgehen sehen, wie dies zuweilen geschieht. Vielmehr resultiert diese Position des Therapeuten aus seiner Erkenntnis, daß Abhängigkeit und Bindung für die Entwicklung des Individuums und seiner Beziehung zu den anderen notwendig sind.

Die paradoxe Vorschrift des Therapeuten (in Hinsicht auf das pathogene Paradox, und dies ist eines der wichtigsten und am wenigsten beachteten Unterscheidungsmerkmale) lautet: „Du sollst unselbständig sein" oder: „Du darfst nicht unabhängig sein", „Du sollst keine Initiative ergreifen" usw. Einschränkung und Bindung (und also auch die Symptome) werden als wesentlich erachtet, damit sie überwunden werden können.

Danach (und in diesem Sinne führt die Therapie auch den Zeitfaktor wieder ein, den das pathogene Paradox in den Nebel der Unentscheidbarkeit gehüllt hat), nachdem die therapeutische Intervention die Bindungen gelöst hat, indem sie sie als wesentlich anerkannte, kann die jeweilige Individuation der Familienmitglieder sich weiterentwickeln.

Die Bedeutung des „vel-vel"

Positionen im Sinne eines Entweder-Oder (aut-aut) werden heutzutage in der Familientherapie immer seltener. In den Anfängen stellten die Therapeuten den Familien oftmals Bedingungen wie: „Entweder ihr kommt alle, oder ich kann keine Therapie machen", „Ihr sollt nicht versuchen, außerhalb der Therapiesitzungen mit mir zu reden, ansonsten sehe ich mich gezwungen, allen Familienmitgliedern mitzuteilen, was ihr mir gesagt habt" usw. Stellungnahmen dieser Art sind heute deshalb selten geworden, weil die Therapeuten eingesehen haben, daß ein solch rigoroses Verhalten nur selten gerechtfertigt ist.

Freilich wäre es nicht minder rigoros, wenn man jegliches „Entweder-Oder" unerbittlich ausschalten würde. Es geht nicht darum, das „Entweder-Oder" abzuschaffen, sondern ihm das „Sowohl-als-Auch" zur Seite zu stellen. Die Lösung liegt in der lateinischen Disjunktion *vel-vel.* Die lateinische Formel impliziert keinen stummen Ausschluß, in ihr ist ebenso das „Sowohl-als-Auch" wie das „Entweder-Oder" enthalten. In unserer Sprache gibt es keine Redewendung, die beide Disjunktionen zugleich enthielte. Wir müssen daher auf die lateinische Wendung vel-vel zurückgreifen, die komplex ist, d.h. zusammengesetzt aus zwei einfachen Disjunktionen, die wie eine Konjunktion benutzt werden können.

Da das therapeutische Paradox keine unzulässige Totalisierung enthält, zwingt es dem Patienten kein einfaches und unwiderrufliches aut-aut auf und erlaubt dank seiner Komplexität, mittels des *vel-vel* ebenso die Möglichkeit des „Entweder-Oder" wie die des „Sowohl-als-Auch" anzubieten. Die paradoxe Therapie ist (für Empfänger wie für Ausführende) weder eine Intervention, die ändert *oder* beibehält, noch eine Intervention, die ändert *und* beibehält, da sie, wenn auch auf verschiedenen Ebenen, beide Möglichkeiten in sich enthält.

Wir haben gesehen, daß die Forderung nach Entscheidungen eine totalisierende Wirkung zeitigt; wenn eine solche Forderung auf eine komplementäre Gegentotalisierung trifft, wie zum Beispiel: „Entscheide du für mich", so entsteht daraus eine Beziehung, in der weitere Entscheidungen unmöglich werden, und man gelangt so zu jenem Circulus vitiosus (oder wenn man will: zu jener Patt-Situation), in der die Entscheidungsfähigkeit extrem eingeschränkt ist.

Gleichwohl ist die Entscheidung auch in höchst pathologischen Situationen und in den festgefahrendsten Beziehungen stets möglich, sie ist sogar gewissermaßen unausrottbar. Man kann nicht nicht entscheiden, schlimmstenfalls kann man *entscheiden, nicht zu entscheiden,* doch auch das bleibt stets eine Entscheidung. Vielmehr muß die Entscheidung, nicht zu entscheiden, obwohl wir sie vielleicht lieber als extrem bezeichnen möchten, als die höchste aller Entscheidungen betrachtet werden: Nur Menschen sind zu der Entscheidung, sich nicht zu entscheiden, fähig, kein Tier und erst recht kein Computer ist imstande, eine solche Wahl zu treffen.

Viele Probleme, die zu lösen der Therapeut berufen ist, präsentieren sich in derart repetitiver und redundanter Form, daß sie wie Entscheidungsunfähigkeit wirken. So zum Beispiel das Mädchen, das sich ständig zwanghaft waschen muß, der Junge, der jede Nacht ins Bett macht, der Mann, der sich nicht mit der Zukunft befassen kann, sondern sich mit der Vergangenheit herumquält, und so weiter. Diese Verhaltensweisen scheinen alle alternativelos und wirken daher wie das Ergebnis einer Entscheidungsunmöglichkeit. Wenn Personen mit symptomatischem Verhalten jedoch nicht die Möglichkeit haben, sich anders zu entscheiden, weshalb verlangt man dann von ihnen, sich zu ändern?

Wir wissen inzwischen jedoch, daß auch die schwerwiegendsten Probleme vom Kontext beeinflußt werden: Sie ändern sich, wenn die sie umgebenden Umstände sich ändern. Das Mädchen vermag ihren Waschzwang zu unterdrücken, wenn Gäste im Haus sind; der Junge näßt das Bett nicht ein, wenn er bei der Großmutter schläft; der Mann kann den Gedanken an die Vergangenheit unterdrücken, wenn er seine Tochter trösten muß, die mit ihrem Gatten gestritten hat. Diese Beispiele – und die von Therapeuten häufig gemachte

Erfahrung, daß Symptome, die zunächst unbeeinflußbar erschienen, sich plötzlich ändern können – beweisen, daß die Möglichkeit, sich für ein anderes Verhalten zu entscheiden, stets unverändert erhalten bleibt. Das heißt nicht, daß es leicht ist für eine Familie oder einen Patienten, ein anderes als das symptomatische oder dysfunktionale Verhalten zu ergreifen, oder daß diese Art von Verhalten nur angenommen wird, um jemanden damit zu ärgern oder ihm das Leben schwer zu machen.

Einem Beobachter von außen mag das Symptom (oder die unzulässige Totalität) wie das Resultat einer Entscheidungsunmöglichkeit oder einer falschen Entscheidung erscheinen, doch ist es in Wirklichkeit jenes Verhalten, das dem Patienten in diesem bestimmten Moment, diesem Kontext und diesem Kenntnisstand als das am wenigsten unerwünschte erscheint.

Wenn der Beobachter also im selben Moment und Kontext von der Familie oder vom Patienten verlangt, sie/er möge sich für ein anderes Verhalten entscheiden, so würde er damit die bereits getroffene Entscheidung und ihre Gültigkeit für denjenigen, der sie getroffen hat, ignorieren.

Die Redundanz einer Information wird notwendig, wenn diese Information nicht aufgenommen oder als unwichtig abgetan wird. Ein Satz, der nicht verstanden oder dem nicht genügend Aufmerksamkeit geschenkt wurde, muß wiederholt werden. Der gleiche Mechanismus setzt womöglich auch ein symptomatisches Verhalten in Gang: Die auffällige Handlung wird so lange wiederholt, bis ihre Gültigkeit und Wichtigkeit anerkannt wird.

In einer paradoxen Therapie werden die Entscheidungen des Individuums und der Familie in der Regel (es gibt Ausnahmen, wie wir noch sehen werden) vom Therapeuten *bestätigt.* Sie werden bestätigt aufgrund der Annahme, daß dieses Verhalten für die Entwicklung des Individuums und seiner Beziehung zu den anderen äußerst wichtig ist. Durch die *Bestätigung* wird diesem Verhalten größere Aufmerksamkeit und Achtung zuteil, seine Wichtigkeit wird anerkannt. Das bedeutet nicht, daß es auch gutgeheißen werden muß: Ich habe deine Situation aufmerksam geprüft und habe verstanden, wie wichtig dieses Symptom für dich augenblicklich ist, damit ist aber nicht gesagt, daß ich mich ebenso verhalten würde, noch daß du dich weiterhin so verhalten mußt.

Die Bestätigung der von der Familie oder dem Patienten getroffenen Entscheidungen ist nicht, wie viele meinen, eine Strategie, mit Hilfe derer der Patient getäuscht werden soll, wenn auch mit dem guten Zweck, ihm zu helfen. Sie ist vielmehr die ehrliche Anerkennung der Entscheidung, die er mit den ihm im Moment zur Verfügung stehenden Mitteln getroffen hat.

Pathogen paradoxe und therapeutisch paradoxe Beziehungen

Einige Unterschiede zwischen dem pathogenen und dem therapeutischen Paradox haben wir nun schon erörtert, und zwar die Unterschiede der Form, der Voraussetzungen und der Prinzipien. Wir möchten nun auf einen weiteren Aspekt eingehen, dessen Wichtigkeit in der Literatur immer wieder hervorgehoben wird: auf den Unterschied zwischen der pathogen paradoxen und der therapeutisch paradoxen Beziehung.

Bateson, Jackson u.a. haben den Unterschied zwischen dem pathogenen Double-bind und dem therapeutischen folgendermaßen formuliert: „Der Unterschied zwischen dem therapeutischen Double-bind und dem ursprünglichen besteht zum Teil darin, daß der Therapeut nicht persönlich in den erbitterten Kampf bis aufs Blut verwickelt ist. Er kann daher verhältnismäßig wohlwollende Bindungen herstellen und dem Patienten dazu verhelfen, sich schrittweise davon zu befreien" (Bateson, Jackson u.a., 1956).

Dieser Formulierung zufolge scheint der Unterschied vor allem darin zu liegen, daß der Therapeut nicht in die Sache verwickelt ist und daher „relativ wohlwollend" agieren kann. Doch in der Folge bemerkte Jay Haley – nachdem er zunächst die Wichtigkeit der Tatsache betont, daß der Therapeut nicht mitverwickelt sein darf –, daß das Wohlwollen eine Eigenschaft nicht nur des Therapeuten, sondern ebenso des Familiensystems ist. Haley zufolge liegt der Unterschied in der Bereitschaft des Therapeuten, die Änderung, die sich infolge seiner Intervention ergibt, zu akzeptieren: „Wohl kann sich der Familientherapeut der Familie gemäß der Regel *similia similibus curantur* nähern, doch fällt das Ergebnis vor allem in Hinsicht auf die gegebenen Paradoxien stets unterschiedlich aus. Die Familienmitglieder können sich gegenseitig wohlwollend auf die Probe stellen, unter paradoxen Voraussetzungen: Denn wenn das Opfer der unerträglichen Situation zu entfliehen versucht, so wird es wegen seiner mangelnden Bereitschaft, das Wohlwollen anzuerkennen, verdammt. Der Therapeut hingegen stellt die Familienmitglieder ebenfalls wohlwollend auf die Probe, doch wenn es unerträglich zu werden droht und die Familie sich zu ändern beginnt, akzeptiert und lobt er diese Änderung. Die Distanz des Therapeuten zum System, die ebenso wichtig ist wie seine Anteilnahme, versetzt ihn in eine Position, aus der er wie ein zeitweiliger Eindringling im System mitagieren kann, aber nicht wie einer, der dauerhaft in den Widerstandskampf gegen Änderungen verstrickt ist" (Haley, 1963, S. 248).

Watzlawick, Beavin und Jackson haben das therapeutische Paradox als das „Spiegelbild" des pathogenen Paradoxes bezeichnet. Sie heben die besondere Wichtigkeit folgender Punkte hervor: a) die einer intensiven Beziehung; b) die des paradoxen Befehls an den Patienten, so zu bleiben, wie er ist; c) die einer therapeutischen Atmosphäre, die es dem Patienten unmöglich macht, sich in sich selbst zurückzuziehen oder das Paradox zu lösen, indem er es kommentiert. (s. Watzlawick, Beavin und Jackson, 1967, S. 237)

Für Erickson, Rossi und Rossi liegen die Unterschiede zwischen therapeutischem und pathogenem Paradox in folgenden Punkten: a) die Beziehung des Patienten zum Therapeuten ist positiv, wohingegen seine Beziehung zur Familie von der Verstrickung in das pathogene Paradox gezeichnet ist; b) die therapeutische Intervention bringt Neuerungen, die Erfahrungen mit der Familie bestehen dagegen in einer ständigen Wiederholung der pathogenen Double-bind-Situation; c) der Therapeut gibt positive Befehle anstelle der negativen, und er ist bereit, das Feld zu verlassen, sobald der Patient oder die Familie dies wünschen, im Gegensatz zu ihnen selbst, die in ihrem pathologischen Kontext eingesperrt sind. (s. Erickson, Rossi und Rossi, 1976, S. 101)

Weeks und L'Abate heben folgende Unterschiede hervor: „Während das pathogene Double-bind das Individuum in eine ausweglose Situation versetzt, zwingt das therapeutische Double-bind den Patienten in eine Situation mit obligatem Ausweg. Auch im therapeutischen Double-bind kommt es für eine gewisse Zeitspanne zu einer intensiven Beziehung. Innerhalb des therapeutischen Kontextes wird der Patient vom Therapeuten dazu ermutigt oder angehalten, eben jenes Verhalten, das er ändern oder eliminieren möchte, beizubehalten; denn gerade diese Ermutigung ist das therapeutische Mittel zur Änderung. Der Patient wird also aber-mals in eine Double-bind-Situation versetzt, da ihm gesagt wird, er solle sich ändern, indem er gleich bleibt" (Weeks und L'Abate, 1982, S. 15f.).

Auch diesen Autoren zufolge darf dem Patienten nicht die Möglichkeit gegeben werden, sich dem therapeutischen Paradox, ebensowenig wie dem pathogenen, durch Kommentierungen zu entziehen.

Bei allen Autoren, die sich mit dem Problem befaßt haben, tritt klar hervor, daß die Art der Beziehung zum Therapeuten für eine Abgrenzung zwischen pathogenem und therapeutischem Paradox entscheidend ist. Ebenso deutlich wird, daß es sich, soll das Paradox sich als therapeutisch erweisen, um eine zwar *bedeutungs-volle, aber begrenzte Beziehung* handeln muß. Eine exzessive Anteilnahme von seiten des Therapeuten würde therapeutisches und pathogenes Paradox in gefährliche Nähe zueinander rücken.

Eine gewisse Begrenzung des therapeutischen Paradoxes ist durch den Faktor Zeit bereits gegeben: Der oberste Zweck einer therapeu-tischen Beziehung ist der, zu einem Abschluß zu kommen; die Beziehung des Patienten zum Therapeuten ist von begrenzter Dauer.

Doch muß die therapeutische Beziehung, um sich nicht totalisie-rend auszuwirken, noch von weiteren Faktoren begrenzt werden.

In erster Linie darf das therapeutische Paradox *sich nicht wiederholen* und unveränderlich bleiben, sondern muß sich viel-mehr den Antworten des Patienten oder der Familie anpassen. Die Vorschrift des Therapeuten tritt also nur vorübergehend in Kraft und erlischt nach relativ kurzer Zeit.

Darüber hinaus ist auch der *Bereich der therapeutischen Interventi-on* sehr genau begrenzt: Das therapeutische Paradox erstreckt sich nicht auf sämtliche Verhaltensbereiche (so wie tendentiell das pathogene Paradox), sondern ausschließlich auf die symptomati-schen und dysfunktionalen Verhaltensweisen.

Auch der *Inhalt* der paradoxen Intervention ist begrenzt. Der Therapeut will weder die Weltanschauung des Patienten ändern, noch die einzelnen Interaktionen der Familie Punkt für Punkt ummodeln. Es geht ihm nicht darum, den Patienten in eine andere Richtung zu lenken oder ihm einen bestimmten Weg zu weisen. Der Therapeut bedient sich des Paradoxes nur, um die Unentscheidbarkeit zu lösen, in der Familie und Patient verfangen sind, und er hat nicht die Absicht, sich in die Entscheidungen einzumischen, die in der Folge getroffen werden.

Es scheint uns wichtig, noch auf einen weiteren Aspekt der therapeutisch paradoxen Beziehung hinzuweisen: Die pathogen paradoxe Beziehung ist dadurch gekennzeichnet, *den anderen ändern* zu wollen, während der Therapeut, der sich des Paradoxes bedient, nicht nur keine Änderung von den anderen verlangen darf, sondern vielmehr stets dazu bereit sein muß, *sich selbst zu ändern.* Wir werden auf diesen Aspekt weiter unten noch genauer eingehen.

Bevor wir die Unterschiede zwischen pathogenem und therapeutischem Paradox rekapitulieren (s. Tabelle 2), möchten wir kurz nochmals die von so vielen Autoren vertretene Meinung aufgreifen, daß eine Kommentierung des pathogenen (oder auch therapeutischen) Paradoxes von seiten des Patienten die Wirkung zunichte mache. Diese Meinung ist ein Residuum aus der Zeit, in der man noch glaubte, das Paradox sei das Resultat einer Verfolgungssituation, mit einem Opfer und einem oder mehreren Verfolgern. Um zu erklären, was man für die Unfähigkeit des Opfers hielt, sich selbst zu verteidigen, nahm man an, es bestünde ein Verbot, das Paradox zu kommentieren. Nun, da wir wissen, daß es weder Opfer noch Verfolger gibt, können wir sagen, daß ein solches Verbot nicht existiert, ebensowenig, wie (zumindest ab einem gewissen Alter) die „Unmöglichkeit, das Feld zu verlassen", und daß der identifizierte Patient nicht weniger am Zustandekommen des pathogenen Paradoxes beteiligt ist als alle übrigen Familienmitglieder.

Wir haben mehrfach erfahren, wie junge Schizophrene nahezu vollendete Kommentare zu paradoxen Geboten oder unzulässigen Totalitäten abgegeben haben, ohne sich jedoch davon zu befreien. Und es stimmt auch nicht, daß eine paradoxe Intervention ihre therapeutische Wirkung verliert, wenn der Patient weiß, daß es sich um eine paradoxe Intervention handelt. Patienten und Familien, die darüber einiges gelesen hatten und demzufolge imstande waren zu sagen: „Dies ist ein Paradox", zogen aus der paradoxen Therapie nicht weniger Nutzen als andere, die keine Ahnung davon hatten. *Einen Unterschied macht dies höchstens für den Therapeuten selbst,* wenn dieser das Paradox als einen Trick ansieht, den es geheimzuhalten gilt: In diesem Falle könnte man verstehen, daß er peinlich berührt ist, wenn er sich einem

Patienten gegenübersieht, der ihm in die Karten geschaut hat. Doch wird dies nicht geschehen, wenn der Therapeut wirklich hinter seiner paradoxen Intervention steht und sie überzeugend darzustellen vermag.

Wenn man davon ausgeht, daß das Paradox nicht dazu dienen soll, den Patienten in eine ganz andere Richtung zu schicken, als die paradoxe Intervention vorgibt, sondern nur dazu, ihn von seinen Fesseln zu befreien, wird man es nicht für notwendig empfinden, die Natur der Intervention zu verheimlichen.

Tabelle 2
Unterschiede zwischen pathogenem Paradox und therapeutischem Gegenparadox

Pathogenes Paradox:	*Therapeutisches Gegenparadox*:
Rekursive Kette, die zur reflexiven Kette führt	Rekursive Kette, die zum stochastischen Prozeß führt
Systematische Ambiguität	Einfache Ambiguität
Komplexe Kontradiktion	Einfache Kontradiktion
Selbstbezug	Stochastischer Prozeß
Reflexivität	Neue rekursive Ordnung
Circulus vitiosus	Kein Circulus vitiosus
Unentscheidbarkeit	Entscheidbarkeit
Eliminierung von Raum und Zeit	Wiederherstellung von Raum und Zeit
Keine Erzeugung von neuen Informationen	Erzeugung von neuen Informationen
Lernebenen:	*Lernebenen:*
Unmöglichkeit, zur nächsthöheren Ebene überzugehen	Übergang zur nächsthöheren Ebene
Unzulässige Totalisierung	Beschränkung auf den legitimen Bereich
Bedingungen:	*Voraussetzungen:*
Ambiguität	Duldung der Ambiguität
Suche nach eindeutigen Wahrheiten	Komplexe Wahrheiten
Vorhersage-Fähigkeit	Planung des Unvorhersehbaren

Überzeugungen:	*Prinzipien:*
Totalisierung	Beschränkung auf den zu therapierenden Bereich
Paradox der Individuation	Aufforderung zur Abhängigkeit
Paradox der Ausschließlichkeit	Notwendigkeit des „vel-vel"
Paradox der Entscheidung	Bestätigung der Entscheidungen
Die pathogen paradoxe Beziehung:	*Die therapeutisch paradoxe Beziehung:*
Bedeutungsvoll und stark bindend	Bedeutungsvoll und vorübergehend bindend
Totalisierend	Begrenzt
Repetitive und stereotype Interaktion	Verändert sich je nach Reaktion
Keine oder nur sehr geringe Einschränkungen:	Klare Einschränkungen:
keine räumliche und zeitliche Begrenzung	zeitliche Begrenzung
umfaßt die gesamte Beziehung	umfaßt nur den dysfunktionalen Bereich
Inhalt:	*Inhalt:*
Änderung der Bedingungen	Lösung der Unentscheidbarkeit
Tendenz, den anderen zu ändern	Bestätigung der Verhaltensweise des anderen
Keine Bereitschaft zur Änderung	Bereitschaft des Therapeuten, sich zu ändern

Ist das therapeutische Paradox ein echtes Paradox?

Nachdem wir die Unterschiede zwischen therapeutischem und pathogenem Paradox herausgearbeitet haben, scheint es legitim zu fragen, ob das therapeutische Paradox sich begründet ein Paradox nennen darf. Wir haben bereits erörtert, was man unter einem echten Paradox versteht und daß es sich herstellt, indem die rekursive Kette (Ambiguität, Kontradiktion) in die reflexive Kette (Selbstbezug, Reflexivität, Circulus vitiosus und Unentscheidbarkeit) übergeht.

Das therapeutische Paradox hat mit dem pathogenen den ersten

Teil dieses Vorgangs gemein, nämlich die rekursive Kette (also Ambiguität und Kontradiktion). Doch geht das therapeutische Paradox von hier aus nicht zur reflexiven Kette über, sondern, wie wir wissen, zu einem stochastischen Prozeß, mittels dessen es eine neue Lernebene erreicht und damit auch eine neue rekursive Ordnung schafft.

Das heißt mit anderen Worten: Während das pathogene Paradox sich in einem repetitiven Zyklus bewegt und stets wieder zu seinem Ausgangspunkt zurückkehrt und also auch keine Informationen mehr erzeugt, ist das therapeutische Paradox eine Art, neue Informationen zu gewinnen und zu einem neuen Stand der Erkenntnis zu gelangen.

Tatsächlich aber kommt es auch im therapeutischen Paradox zu Wiederholungen: Der rekursive Kreislauf, der zur nächsten Lernebene führt, bleibt formal gleich (und dies mag der Grund dafür sein, daß die beiden Paradoxien zuweilen verwechselt werden), doch kehrt man niemals zum Ausgangspunkt zurück, sondern gelangt jedesmal zu einer neuen rekursiven Ordnung. Die Form des Lernens bleibt gleich, doch man lernt jedesmal etwas Neues.

Die unterschiedlichen Voraussetzungen ziehen einander diametral entgegengesetzte Folgen nach sich, sowohl in logischer wie in pragmatischer Hinsicht. Der Unterschied ist also wesentlich. Tatsächlich kann das therapeutische Paradox, da in ihm der Circulus vitiosus und die Unentscheidbarkeit fehlen, nicht ein echtes Paradox genannt werden.

Wir möchten jedoch vermeiden, uns der Meinung jener anzuschließen, die unter einem Paradox all das verstehen, was merkwürdig und ungewöhnlich ist. Das Adjektiv „paradox" hat sich eingebürgert als Bezeichnung für alles, was als unüblich angesehen wird. Aber *„paradox" ist nicht das Gegenteil von „orthodox"*; das Gegenteil von orthodox ist *heterodox* (oder schlicht *unorthodox)*, wie Sluzki zurecht bemerkt: „Es ist wichtig, an dieser Unterscheidung festzuhalten, denn viele therapeutische Interventionen, die irrtümlicherweise paradox genannt werden, sind schlicht ungewöhnliche, nicht orthodoxe Aussagen von Therapeuten, die sich nicht „al pari" befinden mit den vorangegangenen Aussagen oder Positionen der Patienten und die nur wenig oder gar keine Wirkung auf die Familie haben" (Sluzki, 1987, S.24).

Diese Art von Intervention ist in erster Linie an einen Überraschungseffekt gebunden, der, einmal bekannt und allgemein gebräuchlich geworden, jegliche Wirkung verliert. Es ist dies jene Art von Intervention, die „keinen Sinn hat" und die Paul Dell dazu veranlaßt hat, einen Aufsatz zu schreiben mit dem Titel: „Warum nennen wir sie immer noch paradox?" (Dell, 1986).

Es besteht kein Zweifel, daß diese Interventionen es nicht verdienen, paradox genannt zu werden. Nicht etwa, weil sie inzwischen „sinnvoll" geworden wären (also nicht mehr „paradox" im landläufigen Sinne sind), sondern deshalb, weil sie stets bar jeder „logischen Kontradiktion" waren, also bar der notwendigen, wenn auch nicht hinreichenden Bedingung jeder echten Paradoxie.

Die paradoxen Therapien im engeren Sinne (zum Beispiel jene, die die Beibehaltung des Symptoms verschreiben) gehorchen dieser Bedingung; da in ihnen jedoch der Circulus vitiosus und die Unentscheidbarkeit fehlen, die das echte Paradox auszeichnen, können auch sie streng genommen nicht Paradoxien genannt werden. Zumindest aber stimmen sie zu einem Teil mit dem echten Paradox (dem pathogenen) überein und sind darüberhinaus therapeutisch außerordentlich wirksam. Das therapeutische Paradox verbindet sich mit dem pathogenen, indem es den Kreislauf unterbricht, der zur reflexiven Kette führt, und indem es zur rekursiven Entwicklung überleitet, zu der der Zugang versperrt schien.

Diese besondere Wechselwirkung zwischen pathogenem und therapeutischem Paradox (um es weiterhin so zu nennen) ähnelt der eines Antikörpers, der nur auf das Antigen reagiert, von dem er gebildet wurde. Wo keine unzulässige Totalisierung vorliegt, erweist sich diese Art von Intervention als gänzlich inadäquat, und um wirksam zu sein, muß sie genau auf den dysfunktionalen Bereich zugeschnitten sein, auf den sie einwirken möchte.

Aufgrund dieser Eigenschaften scheint es angebracht, diese Art der Intervention nicht als Paradox, sondern vielmehr als *Gegenparadox* zu bezeichnen, wie dies Mara Selvini Palazzoli und ihre Mitarbeiter getan haben (Selvini Palazzoli, Boscolo u.a., 1975).

Wir werden uns im folgenden dieser Bezeichnung bedienen oder uns zumindest auf sie stützen, auch wenn wir aus praktischen Gründen manchmal weiterhin den Begriff „therapeutisches Paradox" gebrauchen, der, wenn auch nicht ganz korrekt, sich inzwischen eingebürgert hat.

8. Kapitel

Das therapeutische Gegenparadox

Klassifizierung der gegenparadoxen Interventionen

Es gibt zahlreiche Klassifizierungen der gegenparadoxen Interventionen. Einige, wie zum Beispiel die von Haley (1963) oder die neuere von Seltzer (1986) ordnen sie unter dem Gesichtspunkt der verschiedenen Ansätze; andere, wie z.B. Weeks und L'Abate in ihrer hervorragenden Arbeit (1982), stellen eine Ordnung der Paradoxien aufgrund der Ebenen her, auf denen sie sich abspielen (individuell, interaktiv, systematisch), wieder andere wie Rohrbaugh, Tennen u.a. (1981) ordnen das Paradox dem Doppelbegriff Herausforderung-Kollaboration unter.

Wir möchten eine Gliederung vorschlagen, die auf den formalen Aspekten des Gegenparadoxes gründet, denn wir meinen, daß die gegenparadoxen Interventionen vor allem formal voneinander unterschieden sind, während sie in der Regel auf denselben Prinzipien beruhen.

Im Wesentlichen ist das therapeutische Gegenparadox (in dem Sinne, in dem wir es hier verwenden möchten) *eine Intervention, die die Symptome und die übrigen dysfunktionalen Verhaltensweisen bestätigt und keine (oder nur sehr begrenzt) Abänderungen der gewohnten Beziehungsmuster (patterns) fordert, und die zum Ziel hat, die Unentscheidbarkeit zu lösen, ohne jedoch mögliche zukünftige Entscheidungen vorzuschlagen.*

Die von uns erstellte Klassifizierung ist sehr einfach und berücksichtigt die analogen Strukturen, die das Gegenparadox mit dem echten Paradox verbinden. Wie das echte Paradox enthält es:

a) gegenparadoxe *Definitionen*
b) gegenparadoxe *Injunktionen*
c) gegenparadoxe *Vorhersagen*.

Definitionen, Injunktionen und Vorhersagen entsprechen den verschiedenen Formen, die das Paradox sowohl in der Logik wie in der Pragmatik annehmen kann. Auf pragmatischer Ebene sind die drei Formen praktisch austauschbar, nicht jedoch auf logischer Ebene.

Im Bereich der menschlichen Beziehungen impliziert eine paradoxe Definition stets eine Injunktion und eine Vorhersage, so wie eine Injunktion ihrerseits stets eine Definition und eine Vorhersage impliziert usw.

Ein Mann könnte zum Beispiel zu seiner Frau sagen: „Ich bin ein Mann, dem man nicht trauen kann." Diese paradoxe Selbstdefinition, die zum üblichen Circulus vitiosus führt (wenn die Frau seiner Äußerung Glauben schenkt, kann sie ihm nicht trauen, doch wenn sie ihm nicht traut, kann sie seiner Äußerung nicht Glauben schenken, also traut sie ihm)[1], impliziert die paradoxe Injunktion: „Du darfst mir nicht trauen" und die paradoxe Vorhersage: „Du wirst mir nie trauen können."

Dieser pragmatische Effekt, der allen paradoxen Äußerungen eigen ist, stellt sich auch durch eine gegenparadoxe Therapie ein. Die positive Bewertung eines Symptoms (gegenparadoxe Definition) hat immer auch vorschreibende (paradoxe Injunktion) und prophezeiende Wirkung (paradoxe Vorhersage).

Wenn zum Beispiel das symptomatische Verhalten eines agoraphoben Patienten definiert wird als „eine legitime Notwendigkeit, im Haus zu bleiben, um sich selbst zu finden, ohne durch die Gegenwart anderer abgelenkt zu werden", so kommt dies einer Vorschrift, das Haus nicht zu verlassen, gleich, und es impliziert, daß jeder Versuch, sich nach draußen zu wagen, voraussichtlich eine Verschlechterung des Zustandes zur Folge hat.

Trotz ihrer Austauschbarkeit werden diese verschiedenen Formen des Paradoxes gemäß den Umständen entsprechenden, spezifischen Indikationen eingesetzt. Die Klassifizierung hat also nicht nur theoretischen Charakter.

---

1 Tatsächlich „funktioniert" diese Totalisierung des Ehemanns (die tendenziell zur Unentscheidbarkeit führt) nur dann, wenn sie von einer entsprechend totalisierenden Haltung der Frau beantwortet wird. Wenn die Frau der Äußerung ihres Mannes jedoch eine schlichtere, begrenztere Bedeutung beimißt und sie nicht auf das gesamte vergangene, gegenwärtige und zukünftige Verhalten ihres Mannes ausdehnt, könnte sie, seiner Äußerung zum Trotz, das Vertrauen zu ihm bewahren, ohne deshalb die gesamte Beziehung in Frage stellen zu müssen.

In der Logik werden paradoxe *Definitionen* auch *semantische Antinomien* genannt, und die bekannteste ist zweifellos die Lügner-Antinomie. In der Psychotherapie kann der Therapeut verschiedenen Aspekten des Familiensystems mit einer gegenparadoxen Umdefinierung begegnen.

Zu den bekanntesten gegenparadoxen Definitionen gehören:

a) die *positive Konnotation,* die die *homöostatischen Tendenzen* des Systems positiv definiert (Selvini Palazzoli, Boscolo u.a., 1975);

b) die *Restrukturierung,* auch *reframing* genannt, die in einer Re-Definition des *Kontextes* oder des Bezugsystems besteht (Watzlawick, Weakland und Fish, 1974);

c) die *Umbenennung* oder *relabeling,* die das *symptomatische Verhalten umdefiniert* (Haley, 1963; Grunebaum und Chasin, 1978);

d) die *Entdramatisierung des Symptoms,* die die *Schwere* des Symptoms umbewertet (Minuchin, 1974);

e) die *Umkehrung* oder *reversal,* die das dysfunktionale Verhalten mit *umgekehrtem Vorzeichen* neudefiniert (Bowen, 1972);

f) die *Zuschreibung von positiven Absichten,* die die *Absichten* der Familienmitglieder umdefiniert (Stanton, 1981).

All diese gegenparadoxen Definitionen (korrekter müßte es „Umdefinierungen" heißen, da es sich ja um Veränderungen von bereits bestehenden Definitionen handelt) haben miteinander gemein, daß sie das Symptom positiv bewerten oder es in einen positiven Rahmen stellen. Doch jede Umdefinierung des Symptoms oder dysfunktionalen Verhaltens ins Positive läßt eine eventuelle Änderung dieses Symptoms oder Verhaltens als negativ erscheinen.

Tatsächlich gibt es Definitionen, in denen jede Änderung als negativ bestimmt wird, was natürlich eine positive Bewertung des Symptoms impliziert. Diese Technik wird *Verbot der Änderung* oder *restraint* genannt (Watzlawick, Weakland und Fish, 1974), und durch sie wird *eine Änderung als unerwünscht oder ungünstig* definiert.

Eine ähnliche Funktion hat die *Erklärung der Machtlosigkeit* (Selvini Palazzoli, Boscolo u.a., 1975) oder *Taktik der Machtlosigkeit* (Whitaker, 1977a), bei der der Therapeut vorgibt, die Therapie nicht zu schaffen. Der Therapeut deklariert damit seine eigene Machtlosigkeit, doch wertet er damit gleichzeitig die Macht der

Familie gegenüber ihrem Symptom auf und unterstreicht die Negativität ihrer Änderungswünsche. Whitaker bemerkt: „Eine der wichtigsten Überlegungen bei der Konfrontation mit meiner Machtlosigkeit ist die, daß sie (die Familienmitglieder) zu mir kommen, weil sie ihrer *eigenen* Machtlosigkeit gegenüber stehen, und das ist eine sehr erniedrigende Erfahrung. Es war hart für sie, ihre Machtlosigkeit zu akzeptieren und einsehen zu müssen, daß sie es nicht schaffen und daß sie in diesem Rennen so wenig Punkte gemacht haben, daß sie nun ihren Trainer wechseln müssen. Ich glaube, alle Familien haben ein großes gemeinsames Symptom, und das ist der Wunsch, sich zu ändern" (Whitaker, a.a.O., S.70).

Die Umdefinierung im allgemeinen und die gegenparadoxe Umdefinierung im besonderen spielen in der Therapie eine wichtige Rolle, weil sie die bestehenden Beziehungen in ein anderes Licht stellen und ihnen einen neuen Apekt verleihen. In dysfunktionalen Familiensystemen ist die Fähigkeit zu einer Neudefinition extrem herabgesetzt; diese Fähigkeit ist aber eine der wichtigsten Voraussetzungen dafür, daß die Beziehung sich mit der Zeit wandeln kann.

Auch die einzelnen Phasen des Lebenszyklus hängen von einer Umdefinierung der Beziehungen und ihrer Regeln ab. Wenn die Umdefinierung nicht stattfindet, so ist der Übergang zur nächsten Phase blockiert.

Die Loslösung eines Sohnes von seinen Eltern zum Beispiel besteht nicht in einem physischen Abstandnehmen des einen von den anderen, sondern vielmehr in einer komplexen Umdefinierung der innerfamiliären Beziehungen.

Die bloße physische Distanz ohne eine entsprechende Umformulierung der Systemregeln ist keineswegs ein Zeichen für eine erfolgreiche Loslösung, wohingegen durch eine Neudefinition der Beziehungsregeln sehr wohl eine Loslösung erfolgen kann, selbst wenn die physische Entfernung ausbleibt.

Dies mag als Beispiel dafür dienen, wie wichtig die Umdefinierung in der Therapie ist: Mit ihr üben die Familie und der Therapeut die Flexibilität ein, die für eine beständige Weiterentwicklung innerhalb des sich wandelnden Systems notwendig ist.

Die in der Therapie am häufigsten gebrauchte Umdefinierung ist ohne Zweifel diejenige, die die dysfunktionalen Verhaltensweisen positiv und Änderungsversuche negativ bewertet; trotzdem gibt es unserer Erfahrung nach Fälle, in denen ein gegenteiliges Vorgehen angebracht erscheint.

In einer sehr interessanten Studie beschreiben Grunebaum und Chasin (1978) einen Fall, in dem sie eine *negative Umbenennung* vorgenommen haben, wodurch sich die Diagnose ihrer Familie zunächst verschlechterte, die familiären Beziehungen und das Verhalten des Patienten sich jedoch zugleich verbesserte.

Wir halten eine *Umdefinierung ins Negative* bei jenen Familien für besonders angebracht, in denen die Eltern ihre Rolle aufgegeben und sich den Kindern unterworfen haben, oder in Familien mit depressiven Patienten, wie im folgenden Fall.

> Ileana führt ihren qualvollen depressiven Zustand auf eine lange Reihe von Schuldvergehen zurück, die sie im Laufe ihres Lebens begangen zu haben meint. Ihre Ehe ist in einer Krise, und dies ist ihrer Meinung nach zu einem Teil dem Charakter ihres Mannes zuzuschreiben, im Großen und Ganzen aber ihr selbst und ihrer Unfähigkeit, ihn richtig zu nehmen: Möglicherweise wäre der Mann ohne sie ganz anders geworden und hätte eine ganz andere Frau geheiratet. Ihr einziger Sohn ist fünfzehn Jahre alt und leidet an Bronchialasthma; Ileana schreibt sich auch hierfür die Schuld zu, denn als der Junge klein war, war sie berufstätig und konnte sich ihm nicht genügend widmen. Ihrer Meinung nach ist sie auch schuld an der tiefen Unzufriedenheit ihrer Eltern, da sie eine Ehe eingegangen ist, die diese nicht für gut hießen. Und schließlich wirft sie sich auch vor, das Unglück ihrer Schwestern direkt oder indirekt herbeigeführt zu haben. Denn die ältere hat einen Freund ihres Mannes geheiratet, der sie nun betrügt, was bei dieser Schwester zu einer schweren Form von Fettleibigkeit geführt hat; die jüngere Schwester hingegen kann ihren Kummer darüber nicht verwinden, daß sie von ihrem Geliebten, auch dieser ein Freund von Ileanas Mann, den sie der Schwester vorgestellt hatte, verlassen worden ist. Der Therapeut reagiert darauf mit der Bemerkung, Ileana habe nicht alles gesagt: Denn in Wirklichkeit habe sie sich eines Vergehens schuldig gemacht, das sehr viel schwerer ist als diejenigen, die sie bisher zugegeben hat. Noch erstaunlicher aber sei die Tatsache, daß die übrigen Familienmitglieder sie darin gewähren ließen und sich damit zu ihren Komplizen machten.
>
> Die gesamte Familie versinkt auf diese Behauptung des Therapeuten hin in bestürztes Schweigen: Bisher hatten sie alle gedacht, Ileana habe sich mit einem Haufen von völlig ungerechtfertigten Schuldgefühlen beladen; und der Vorwurf, den der Therapeut ihr nun macht, ist ihnen gänzlich unverständlich. Sie haben sich bisher redliche Mühe gegeben, Ileana davon zu überzeugen, daß sie keinerlei Schuld habe, und jetzt

werden sie sogar bezichtigt, sich zu ihren Komplizen gemacht zu haben. Und bisher hätten sie es nie für möglich gehalten, daß man eine Person beschuldigen kann, die sich selbst mit Vorwürfen über Vergehen zerfleischt, die sie nie begangen hat.

Der Therapeut erklärt endlich, Ileana habe sich des schweren Vergehens schuldig gemacht, sich anzumaßen, an allem und allen gegenüber schuldig sein zu können: Sie hält sich also selbst für so wichtig, daß sie meint, Glück und Unglück der anderen hingen nur von ihr ab. Diese Erklärung scheint die anwesenden Familienmitglieder endlich zu erleichtern. Nun wissen sie, sie können (vielmehr sie müssen sogar, wenn sie sich nicht erneut der Komplizenhaftigkeit schuldig machen wollen) nun mit Ileana wieder umgehen wie mit jedem normal Sterblichen.

Daß Ileana für den ganzen Rest der Therapie nicht mehr von ihren Schuldgefühlen spricht, ist vielleicht eben diesem veränderten Verhalten der Familie ihr gegenüber zu verdanken: Ileana repräsentiert nun nicht mehr allein das ganze System. Indem der Therapeut ihr „die Schuld, sich schuldig zu fühlen" zuschob, hat er ihr ihre totalisierende Überzeugung auf eine Weise vor Augen geführt, die für sie selbst inakzeptabel ist.

Dieser Fall zeigt uns, daß es weniger darauf ankommt, dem Patienten oder der Familie seine Hochschätzung auszudrücken, als vielmehr darauf, ihnen ihre Erfahrung, ihren Umgangsstil miteinander, ihre Anschauungsart zu bestätigen, so unbefriedigend und gestört diese auch erscheinen mögen, und in eine Beziehung mit ihnen zu treten.

Die Umdefinierung muß also keineswegs positiv sein, sie sollte vielmehr unter umgekehrten Vorzeichen stattfinden, wenn die Familie und der Patient von sich selbst eine negative Meinung haben und diese von anderen bestätigt haben möchten.

Der Therapeut soll jedoch nur das anerkennen (oder mißbilligen), was er wirklich anerkennen (oder mißbilligen) will. Er würde der Familie ansonsten nur einen Haufen Komplimente machen, an die er gar nicht glaubt. Die Anwendung von therapeutischen Paradoxien zu dem Zweck, sich die Mitarbeit von Familie und identifiziertem Patient durch eine nur vorgetäuschte positive Sichtweise ihres Verhaltens zu sichern, ist unserer Meinung nach der häufigste Grund für das Scheitern einer paradoxen Therapie. Wenn der Therapeut an eine Umdefinierung ins Positive nicht glaubt, so sollte er besser zu einer der folgenden Maßnahmen greifen:

a) er kann unter den vielen möglichen Aspekten eines symptomatischen Verhaltens einen einzelnen Aspekt herausgreifen, von dessen Positivität er überzeugt ist (ohne das ganze Verhalten ins Positive zu kehren);

b) er kann die Möglichkeit in Erwägung ziehen, eine negative Umdefinierung vorzunehmen, wenn er an deren Richtigkeit glaubt und wenn eine echte Notwendigkeit besteht, die totalisierenden Überzeugungen der Familie negativ zu bewerten (zum Beispiel, wenn die Familie meint: „Wir machen immer alles falsch");

c) er kann schließlich auf eine Umdefinierung verzichten.

Allzuoft werden in der systemischen Therapie nur die Überzeugungen der Familie berücksichtigt und nicht auch die des Therapeuten. Ein Therapeut, der nicht an das glaubt, was er sagt, wird seine Behauptungen auf die Dauer nicht aufrechterhalten können, und die Familie wird früher oder später merken, daß sie getäuscht worden ist.

Eine andere Möglichkeit, familiäre Beziehungen umzudefinieren, ist die *Konfusion*. Sie ist vor allem bei Familien angebracht, die sich eben in einem Status großer Verwirrtheit befinden (und sie empfiehlt sich auch für den Fall, daß der Therapeut sich nicht im Klaren darüber ist, welcherart Umdefinierung er verwenden soll). Bei dieser Art der Umdefinierung werden zwei oder mehr einander widersprechende Definitionen miteinander kombiniert, eben zu dem Zweck, Verwirrung zu stiften und so ein starkes Bedürfnis nach neuen Erklärungsmodi entstehen zu lassen. Diese sogenannte *Konfusionstechnik* wurde von Milton Erickson erfunden, der sie folgendermaßen beschreibt: „...eine Darstellung von Ideen und Konzepten, die den Verstand aktivieren und zu einer Antwort führen sollen, doch so vermischt mit scheinbar bezugnehmenden, in Wirklichkeit aber zusammenhanglosen Äußerungen, daß die Antwort zunächst verhindert wird und Frustration und Unsicherheit aufkommen; dieses therapeutische Vorgehen gipfelt schließlich in einer suggestiven Äußerung, aufgrund derer die Antwort sich dem Subjekt prompt und auf zufriedenstellende Weise anbietet, bekräftigt durch die Tatsache, daß das Subjekt diese Antwort selbst durch experimentelles Lernen gefunden hat, auch wenn es dieses als solches nicht erkannt hat" (Milton Erickson, 1964a, S. 228).

In der „konfusen Umdefinierung" beschränkt sich der Therapeut darauf, die bereits bestehende Verwirrung durch seine Definitionen zu steigern, jedoch ohne beeinflussend oder vorschreibend oder sonstwie klärend in den Prozeß einzugreifen. Es wird der Familie selbst überlassen, sich nach der verwirrenden Intervention neu zu definieren und zu organisieren. Der folgende Fall soll uns dies vor Augen führen.

Luigi und Barbara können nicht mit Klarheit sagen, was sie sich eigentlich von der Therapie erwarten. Sie sind unschlüssig, ob sie zusammenbleiben oder sich trennen sollen, und am Ende einer jeden Sitzung wissen sie nicht einmal, ob sie die Therapie fortsetzen oder abbrechen sollen.

Nach einigen vergeblichen Versuchen, von dem Paar eine deutlichere Indikation ihrer Bedürfnisse zu erhalten, entscheiden die Therapeuten sich dafür, eine konfuse Umdefinierung anzuwenden, die sie zunächst sorgfältig vorbereiten und dem Paar dann folgendermaßen unterbreiten: „Wir haben eure Situation sorgfältig geprüft und sind zu folgendem Schluß gekommen. Wir können nicht wissen, ob es für euch besser ist, zusammen zu bleiben oder getrennt zu leben, aber wir wissen mit Bestimmtheit, daß die beste Weise für euch, getrennt zu leben, die ist, zusammen zu bleiben. Wir wissen hingegen nicht, ob ihr eher als Zusammenlebende den Mut aufbringt, getrennt zu leben, indem ihr zusammenbleibt, oder eher als Getrennte den Mut habt, zusammenzubleiben, indem ihr getrennt lebt. Oder ob ihr ganz einfach lieber zusammenbleiben oder getrennt leben wollt. Und auch wir wissen nicht, ob wir mit euch zusammenbleiben sollen, denn mit euch zusammenzubleiben und die Therapie zu machen, bedeutet, von euch getrennt zu sein, und wir fragen uns, ob es nicht besser wäre, die Therapie von euch getrennt vorzunehmen und damit in einem gewissen Sinne mit euch zusammenzubleiben."

Nachdem das Paar sich diese gewundene Rede angehört hat, herrscht ein paar Minuten lang absolute Stille. Beide scheinen intensiv nachzudenken, worüber, werden sie freilich niemals verraten. Kurz darauf bittet der Mann mit ungewohnter Bestimmtheit um einen Termin für eine weitere Sitzung. Als sie vierzehn Tage darauf wieder erscheinen, stellt sich heraus, daß die Frau inzwischen von zu Hause geflohen ist und sich bei ihrer Schwester versteckt hat, die im Mietshaus gegenüber wohnt: Dort konnte sie vom Fenster aus ihren Mann beobachten. Nachdem Luigi sie eine Woche lang gesucht hatte, gelang es ihm, sie unweit der Haustür abzufangen. Aus dieser Erfahrung schließen die beiden, daß sie nicht getrennt leben können und zusammenbleiben müssen. Zugleich aber fragen sie sich, ob sie die Therapie nun abbrechen sollen oder nicht. Als Antwort sagt man ihnen, daß die beste Weise für sie, den Therapeuten nahe zu sein, die ist, ihnen fern zu bleiben. Seitdem haben sie diese „ferne Nähe" zu den Therapeuten eingehalten.

Gegenparadoxe Injunktionen

Eine *Injunktion* ist die Forderung an einen anderen, ein bestimmtes Verhalten einzunehmen. Wie für die gegenparadoxen Definitionen gilt auch für die therapeutischen Injunktionen, daß sie das Symptom bekräftigen und die Unerwünschtheit einer Änderung emphatisch zum Ausdruck bringen. Im Gegensatz zu den Definitionen beschränken sich die Injunktionen jedoch nicht darauf, einem bestimmten Verhalten eine Bedeutung zu geben, sondern sie schreiben es vielmehr vor bzw. verbieten es.
Einige der bekanntesten paradoxen Injunktionen sind:
a) *Paradoxe Intention* (Frankl, 1939): Die *intentionale Reproduktion des Symptoms* wird vorgeschrieben. Frankl prägte diesen Ausdruck erstmals im Jahr 1947, doch hat er diese Technik schon zuvor beschrieben; sie dient dem Abbau der antizipierenden Angst vor dem Auftreten des Symptoms.
b) *Verschreibung des Symptoms* (Haley, 1963; Watzlawick, Beavin und Jackson, 1967): die früheste und wohl bekannteste paradoxe Intervention in der Familientherapie.
c) *Programmierung des Symptoms* oder auch *symptom scheduling* (Newton, 1968): Der Patient oder die Familie werden dazu angehalten, *Häufigkeit, Intensität und Dauer der dysfunktionalen Verhaltensweisen zu programmieren.*
d) *Verschreibung von Ritualen* (Selvini Palazzoli, Boscolo u.a., 1975), S.107): Der Familie werden die *repetitiven rituellen Verhaltensweisen,* die das Symptom begleiten, vorgeschrieben, um sie im Laufe der Therapie „stillschweigend durch neue Normen zu ersetzen".
e) *Verschreibung der Regeln* (Andolfi, 1977): Die Familie wird dazu aufgefordert, ihre *dysfunktionalen Regeln* zu reproduzieren.
f) *Verschreibung von Elementen des symptomatischen Komplexes* (Zeig, 1980). Zeig empfiehlt, nicht das Symptom selbst, sondern (direkt oder indirekt) einige seiner Komponenten vorzuschreiben, wie zum Beispiel die kognitive und die affektive Komponente, die Komponente des Verhaltens, der Beziehung, des Kontexts, der Gewohnheiten und der Symbolik.

g) *Verschreibung der Aufteilung* oder *splittings* (Lankton und Lankton, 1986): Das Symptom wird in eine Reihe von aufeinanderfolgenden Teilstücken zergliedert, von denen nur die ersten vorgeschrieben werden, um die finalen Folgen des Symptoms auszuschalten.

h) *Übertreibung der Position des Patienten* oder auch *positioning* (Rohrbaugh, Tennen u.a., 1981): Das Verhalten des Patienten wird nicht nur akzeptiert, sondern über sich hinausgetrieben in dem Sinne, daß auch alle Implikationen, die er selbst nicht bedacht hatte, positiv bewertet und vorgeschrieben werden.

i) *Paradoxe Ordalien** (Haley, 1973; Madanes, 1984): Der Patient wird aufgefordert, das symptomatische Verhalten beizubehalten, doch wird es ihm *beschwerlich gemacht.*

j) *Provokative Therapie* (Farrelly und Brandsma, 1974): Das Symptom wird *auf provozierende Weise* vorgeschrieben, um eine Reaktion des Patienten und seiner Familie hervorzurufen.

k) *Vortäuschung des Symptoms* oder auch *pretending* (Madanes, 1980): Diese therapeutische Verschreibung kann verschiedene Formen annehmen: entweder wird der Patient, meist mit Hilfe der Eltern, aufgefordert, *das Symptom darzustellen* oder *seine Funktion zu imitieren;* oder es wird eine *Umstürzung der hierarchischen Ordnung* verschrieben: zum Beispiel, daß die Kinder so tun, als müßten sie die Eltern unterstützen usw.

l) *Wohlwollende Sabotage* oder auch *benign sabotage* (Watzlawick, Weakland und Fish, 1974): Den Eltern wird empfohlen, *sich auf unangemessene Weise zu verhalten, um das rebellische oder unfolgsame Verhalten ihrer Kinder zu sabotieren.*

m) *Ermutigung zum Widerstand* (Erickson, 1964a; Haley, 1973): Die gegenparadoxe Verschreibung richtet sich in diesem Fall an den *Widerstand,* der als dysfunktionales Verhalten gegenüber der Therapie angesehen wird.

n) *Metaphorische Verschreibung* (Haley, 1973, 1976): Die Familie wird aufgefordert, „das problematische Verhaltensmuster in veränderter Form und in anderem Kontext zu reproduzieren (...). Die Ausübung dieser Verschreibung führt häufig dazu, daß die Familie das Ende des Stücks neu schreibt und so dazu beiträgt, das

---

* Der von *Haley* eingeführte Begriff der *Ordalie* (englisch „ordeal") bedeutet a) „Gottesurteil" und b) „schwere Prüfung", Feuerprobe (Anm. d. Übers.)

problematische Verhaltensmuster, auf dem das Stück aufgebaut war, zu unterminieren." (De Shazer, 1980)

o) *Veröffentlichung anstatt Verheimlichung* (Watzlawick, Weakland und Fish, 1974): Der Patient und/oder die Familien werden angehalten, ihre *peinlichen Symptome nicht zu verheimlichen, sondern offen zu zeigen.* Diese Intervention geht von dem Prinzip aus, daß in der versuchten Lösung selbst (nämlich in dem Versuch der Verheimlichung) das Problem liegt, und sie macht es sich zur Aufgabe, die antizipierende Angst abzubauen. Praktisch handelt es sich um eine Verschreibung des Symptoms und des peinlichen Gefühls, das mit ihm einhergeht.

p) *Paradoxe Briefe* (Weeks und L'Abate, 1982): Die Briefe erlauben, Formen des therapeutischen Paradoxes, die üblicherweise nur mündlich erfolgen, auch schriftlich zu behandeln.

q) *Verschreibung, sich dem Symptom zu fügen* (Watzlawick, Weakland und Fish, 1974): Hierbei handelt es sich nicht so sehr um eine Verschreibung des Symptoms selbst, als vielmehr um die Empfehlung, das Gefühl der Niederlage hinzunehmen, das oft mit dem Symptom einhergeht.

r) *Verschreibung der Langsamkeit* (Watzlawick, Weakland und Fish, 1974; Fish, Weakland und Segal, 1982): Der Patient und/oder die Familie werden aufgefordert, *Änderung nur sehr langsam und schrittweise in Angriff zu nehmen.* Diese Verschreibung wird meist damit begründet, daß eine langsam erfolgte Änderung in der Regel dauerhafter ist.

s) *Verhinderung und Verbot der Änderung* (Weeks und L'Abate, 1982): Hierbei wird ein *Aufschub oder Stillstand der Änderung* gefordert oder ein gut begründetes Verbot der Änderung erlassen.

t) *Verschreibung eines Rückfalls* oder *relaps prescription* (Haley, 1973; Weakland, Fish u.a., 1974): Im Falle eines vorzeitigen Verschwindens der Symptomatik wird ein „Rückfall", ein *Wiederaufleben des Symptoms* verschrieben.

Man könnte diesem Verzeichnis noch eine ganze Reihe weiterer gegenparadoxer Techniken hinzufügen, auf die wir jedoch aus Platzgründen verzichten möchten; wir meinen, daß die hier aufgezählten dem Leser/der Leserin einen ausreichenden Einblick in die Vielfalt der in der Familientherapie verwandten gegenparadoxen Interventionen vermitteln können. Insbesondere wird deutlich, daß die Technik der Verschreibung sehr viel häufiger zur

Anwendung kommt als die der Umdefinierung oder der Vorhersage. Die Tatsache, daß die Familientherapie stets besonderes Gewicht auf die verschreibende Intervention gelegt hat, hängt vielleicht schlicht davon ab, daß in der Familientherapie, mehr als in allen anderen Ansätzen, deutlich geworden ist, welch wichtige Rolle die Verschreibung in den menschlichen Beziehungen ganz allgemein spielt. Durch den systemischen Ansatz hat sich die *Allgegenwart von vorschreibenden Verhaltensweisen* herausgestellt; es hat sich sogar gezeigt, daß dieses Verhalten unvermeidbar ist, bis dorthin, daß jedes Verhalten schließlich die Form eines Vorschreibungsakts annimmt (Canevelli, Loriedo u.a., 1981).

Damit ist klar, daß der Therapeut nicht umhin kann, Verschreibungen vorzunehmen (und nicht umhin kann, Verschreibungen zu empfangen). Seine Arbeit besteht also vor allem darin, jene Verhaltensweisen für die Verschreibung auszuwählen, die für den zu behandelnden Patienten oder die Familie am besten geeignet sind. Weiter unten werden wir darauf eingehen, nach welchen Kriterien eine den jeweiligen Umständen angepaßte Auswahl der gegenparadoxen Verschreibungen vorgenommen werden kann.

Die gegenparadoxen Verschreibungen oder Injunktionen sollten in der Regel etwas einfordern, das bereits stattfindet, und zwar so, daß dem Patienten oder der Familie stets die Möglichkeit bleibt, aus eigener Initiative etwas zu ändern. Carl Whitaker schlägt eine Art von Intervention vor, die auf den ersten Blick gar nicht paradox zu sein scheint, da sie im Vorschlagen von Alternativen besteht; doch werden diese Alternativen in einer Weise vorgeschlagen, die dem Patienten und der Familie stets die Initiative überläßt. Diese Art von Intervention – wir wollen sie *Verschreibung von multiplen Alternativen* nennen – besteht darin, daß der Therapeut ein so breites Spektrum von möglichen (absurden oder realistischen, doch stets dem Behandlungswunsch entsprechenden) Alternativen vorschlägt, daß keine von ihnen mehr als die „wahre" gelten kann: Zugleich aber gibt er damit der Familie zu verstehen, daß fraglos eine Menge von Alternativen zu der von ihnen eingeschlagenen Verhaltensweise existiert.

Eines Tages rief mich eine Dame an und sagte: „Ich bin mit diesem gottverdammten Arzt verheiratet, habe fünf Kinder und glaube, das einzige, was mir zu tun übrigbleibt, ist, mich von ihm scheiden zu lassen." Ich antwortete: „Sehr wohl, und was wollen Sie dann von mir?".

Sie erwiderte: „Ich glaube, wir sollten uns vorher mit Ihnen beraten."
„Gut", antwortete ich, „dann bringen Sie ihn her." Sie kamen, und sofort
begann sie wieder damit, daß ihr einziger Ausweg in der Scheidung
bestünde. Also sagte ich zu ihr: „Sehen Sie, das ist doch verrückt. Es gibt
so viele andere Auswege. Sie könnten diesen Hurensohn umbringen, Sie
könnten seinen Ruf ruinieren, indem Sie herumerzählen, er sei schwul,
Sie könnten allen sagen, Sie gingen regelmäßig mit den Patienten ihres
Mannes ins Bett, oder Sie können sein Geld nehmen, sich ins Flugzeug
setzen und nach San Franzisko abhauen. Es gibt eine Menge von
Möglichkeiten, und ich glaube, Sie sollten sie alle in Erwägung ziehen,
nicht nur die eine, von der Sie sprechen. Ich könnte Ihnen noch viele
sagen, sie fallen mir nur im Augenblick nicht ein. Sie könnten zum
Beispiel auch mit mir ins Bett gehen: Das müßte ihn doch in Rage
bringen" (Whitaker, 1977b, S. 73).

Gegenparadoxe Vorhersagen

Watzlawick zufolge beziehen die paradoxen *Vorhersagen* „ihre
Macht, ihre Faszinationskraft und ihre Bedeutung daraus, daß sie
nur im Bereich einer unmittelbar stattfindenden Interaktion
zwischen Personen entstehen können" (Watzlawick, 1965). Trotzdem diese Art von Paradox also höchst pragmatische Eigenschaften
besitzt, ist es bisher wenig erforscht worden.
Ihrer logischen Struktur nach bestehen die paradoxen Vorhersagen
auf der Vorhersehung eines unvorhersehbaren Ereignisses. Die
unzulässige Totalisierung besteht in diesem Falle darin, daß in die
Menge der vorhersehbaren Ereignisse auch die unvorhersehbaren
miteinbegriffen werden. Von dieser Voraussetzung ausgehend
gelangt man schnell zum unentscheidbaren Circulus vitiosus,
demzufolge das Ereignis nur vorhersehbar ist, wenn es unvorhersehbar ist, und unvorhersehbar nur, wenn es vorhersehbar ist.
Die gegenparadoxen Vorhersagen stützen sich auf dasselbe Prinzip;
in der Regel bestehen sie aus der Vorhersage eines an sich zur
Kategorie des Unvorhersehbaren gehörenden Ereignisses: nämlich
das Auftreten eines Symptoms oder seine Veränderung und die
daraus entstehenden Konsequenzen.
Hier zwei der bekanntesten paradoxen Vorhersagen:
a) die *Vorhersage eines Rückfalls (relapse prediction,* Haley, 1973):
Diese wird meist dann angewendet, wenn das symptomatische

Verhalten voreilig verschwunden ist und man mit gutem Grund einen Rückfall erwarten kann;

b) die *Vorhersage, daß eine Veränderung negative Folgen haben wird:* Die Vorhersage eines Rückfalls oder einer Verschlechterung hat die gleiche Wirkung wie die Verschreibung des Symptoms, doch mit einer zeitlichen Verschiebung nach vorn. Sie kann auch dadurch hervorgerufen werden, daß noch vor Eintreten der Veränderung die negativen Folgen angekündigt werden, die sich daraus ergeben könnten. Wenn das Symptom nicht völlig verschwunden ist, sondern sich nur gebessert hat, kann man eine Verschlechterung vorhersagen.

Gegenparadoxe Definitionen, Injunktionen und Vorhersagen unterscheiden sich zwar im Formalen, in ihrer Eigenschaft als Therapiemaßnahmen neigen sie jedoch dazu, sich zu überlagern, da sie *einem einzigen therapeutischen Prinzip und einem gemeinsamen Zweck gehorchen.* Es gibt darüber hinaus komplexe Interventionen, in denen gleichzeitig mehrere Formen des Gegenparadoxes angewendet werden können.

Ähnlichkeiten und Unterschiede der verschiedenen Interventionsformen sind von fundamentaler Bedeutung für die Auswahl des geeigneten therapeutischen Gegenparadoxes.

9. Kapitel

Der Aufbau der gegenparadoxen Intervention

Die Bestätigung als Basis der gegenparadoxen Intervention

Wie wir im vorangegangenen Kapitel bereits angedeutet haben, ist die Unterscheidung der therapeutischen Paradoxien in Definitionen, Injunktionen und Vorhersagen nicht nur theoretisch von Belang, sondern ist auch für den Aufbau der paradoxen Therapie wichtig. Es hat sich herausgestellt, daß die Klassifizierung des Paradoxes unter formalen Kriterien besonders bei der Auswahl des für die jeweilige Situation geeigneten Paradoxietyps sehr hilfreich ist.

Die Auswahl- und Konstruktionsmodi, die wir nun vorstellen möchten, stützen sich auf das Modell der „Bestätigung", da wir meinen, daß dies für die Anwendung des therapeutischen Gegenparadoxes von fundamentaler Bedeutung ist. *Die Bestätigung besteht im Beobachten, Erkennen, Respektieren und Aufwerten der interaktiven, insbesondere der symptomatischen und dysfunktionalen Verhaltensweisen.* Da die Bestätigung sich jedoch nur auf die aktuellen Verhaltensweisen bezieht, hat sie keine absolute Funktion, und sie darf auch nicht unverändert gleich bleiben, sondern muß sich den Veränderungen, die das Verhalten im Laufe der Therapie vollzieht, anpassen.

Die Bestätigung des symptomatischen Verhaltens geht jedoch nicht von dem Grundsatz aus, daß jedwede Strategie zulässig ist, solange sie nur das Symptom zum Verschwinden bringt, wie viele Therapeuten, die mit dem Paradox arbeiten, meinen. Die Bestätigung als therapeutisches Modell basiert vielmehr auf sehr bestimmten Voraussetzungen:

a) darauf, daß der Therapeut das Interaktionsmodell der Familie tatsächlich *respektiert;*

b) auf der *Anerkennung der Potentialität,* die selbst den regressivsten Verhaltensweisen innewohnt;

c) auf der *Flexibilität* des Therapeuten, die ihm ermöglicht, sich den Eigenheiten und insbesondere den redundanten Verhaltensweisen der verschiedenen Familiensysteme anzupassen.

Wir haben bereits mehrfach betont, wie wichtig es ist, daß der Therapeut das Gegenparadox nicht wie einen strategischen Trick behandelt, um das Symptom verschwinden zu lassen, und daß er keine falschen Definitionen, Verschreibungen und paradoxen Vorhersagen machen darf. Freilich droht dies eine leere Ermahnung zu bleiben, wenn wir nicht auch angeben, wie sie realisiert werden kann.

Was unterscheidet einen Therapeuten, der das Gegenparadox korrekt verwendet, von jenem, der sich seiner ohne rechte Überzeugung bedient? Wir haben oft festgestellt, daß die Familien selbst diesen Unterschied sehr wohl zu machen wissen und daß sie sehr schnell die betrügerische Atmosphäre wahrnehmen, die zum Beispiel eine Umbewertung ins Positive begleitet, an die der Therapeut nicht wirklich glaubt.

Unserer Meinung nach kann der Therapeut seine gegenparadoxe Intervention glaubwürdig gestalten, indem er bei der Auswahl, Konstruktion und Anwendung die drei Prinzipien befolgt, die dem Modell der Bestätigung zugrundeliegen:

a) die Beobachtung des Symptoms und des redundanten Verhaltens;

b) die Utilisation der repetitiven Verhaltensweisen;

c) das Zuschneiden („tailoring") der therapeutischen Intervention.

Die Beobachtung

Eine aufmerksame *Beobachtung* des Symptoms und aller redundanten Verhaltensweisen ermöglicht dem Therapeuten, eine korrekte Diagnose zu stellen und die Charakteristika zu identifizieren, die für die Auswahl der geeigneten Intervention notwendig sind. Ohne gründliche Beobachtung kann man also auch keine korrekte gegenparadoxe Intervention zustandebringen: Man kann nicht etwas bestätigen, das man nicht kennt.

Die Aufmerksamkeit, die der Therapeut auf das Beobachten und das Sammeln von Daten verwendet, ist zugleich eine wichtige Information für die Familie: Sie kann daran das Interesse des Therapeuten an ihren Vorgängen und Verhaltensweisen prüfen.

Die Fähigkeit eines Therapeuten bemißt sich oft weit mehr an seiner guten Beobachtungsgabe als an der Gewandtheit, mit der er ausgeklügelte Techniken einsetzt. Die Erziehung zur Beobachtung der Verhaltensregeln von Patient und Familie sollte in der Ausbildung eines systemischen Therapeuten an oberster Stelle stehen.

Die Utilisation

Erickson (1959) hat das Konzept der *Utilisation* nicht nur als therapeutische Technik, sondern als allgemeines Prinzip des therapeutischen Modells eingeführt. Diesem Prinzip zufolge werden die repetitiven Verhaltensweisen in therapeutischem Sinne genutzt, und zwar auch dann, wenn es sich um symptomatische Verhaltensweisen oder solche des Widerstands handelt.

Die Utilisation ist u.E. das beste Mittel, um eine glaubwürdige Bestätigung zu verwirklichen. Indem der Therapeut ein Verhalten nutzt, wertet er es gleichzeitig auch auf (oder er verschreibt es gar). Die positive Aufwertung des Symptoms wird also nicht nur behauptet, sondern vom Therapeuten, der es nutzt, sogar vorgeführt. Und wenn es dem Therapeuten gelingt, das Symptom anzuwenden, lernen darüber hinaus auch Patient und Familien, es zu nutzen.

Wenn ein Symptom genutzt wird, so wird es als Verhalten gewürdigt, verliert aber seine formalen Eigenschaften (nämlich stereotype Wiederholung, Unverständlichkeit, Unwillkürlichkeit und Neigung zur Unordnung). Das therapeutische Gegenparadox sucht eben den Inhalt des Symptoms zu bewahren und nur seine formale Seite zu modifizieren.

Das „tailoring"

Das Prinzip des *tailoring* (vom englischen Verb „to tailor", maßschneidern) fordert, daß die therapeutische Intervention den Eigenheiten der zu behandelnden Familie genau angepaßt ist und daß die Art der ablaufenden Interaktionen respektiert wird. Das tailoring ergibt sich aus der Beobachtung und der Nutzung: Wenn die repetitiven Verhaltensweisen der Familien richtig beobachtet und genutzt werden, so entsteht daraus eine genau auf die jeweilige Familie zugeschnittene Intervention.

Die Konstruktion der gegenparadoxen Intervention

Die gegenparadoxe Intervention muß wie eine präzise Antwort auf das von der Familie präsentierte Problem (oder Symptom) geformt sein. Doch da jede Familie bei der Darstellung des Problems auch ganz bestimmte Eigenheiten an den Tag legt, müssen bei der Konstruktion der Intervention auch diese Eigenheiten berücksichtigt werden.

Zunächst muß der Therapeut den *Stil der familiären Interaktion* erfassen, um die geeignete Intervention zu wählen. So zum Beispiel erweisen sich vage und unbestimmt formulierte Verschreibungen in einer Familie, die einen rigiden, zwanghaften Interaktionsstil praktiziert, als wirkungslos: In einem solchen Fall sind eher rituelle, peinlich genau formulierte Instruktionen angebracht.

Im Gegensatz dazu wird es sich in Familien mit chaotischem Interaktionsstil als sehr viel nützlicher erweisen, eine ebenfalls wenig detaillierte oder gar konfuse Interventionstechnik anzuwenden, als ein starres Regelprogramm aufzustellen.

Ebenso wichtig ist es, die *Themen* der Familie zu erfassen – jene „Streitfragen", die den größten Teil ihrer Konversation besetzt halten. Sie weisen in der Regel auf jene Bereiche hin, die für die Familie von besonderer Wichtigkeit sind. Wenn die Familienmitglieder zum Beispiel vom Essen, von der Erziehung, vom Geld etc. sprechen, so kann es dem Therapeuten auf den ersten Blick erscheinen, als seien diese „Themen" von nur marginaler Bedeutung für die Therapie; häufig aber erweisen gerade sie sich als fundamental wichtig im Leben der Familie.

Manche Familien sagen mehr aus, wenn sie über das Wetter reden, als wenn sie ihre Konflikte darzustellen versuchen; analog dazu kann der Therapeut manchmal mehr erreichen, wenn er die metaphorischen Bedeutungen einer Diskussion über das Wetter aufgreift, als wenn er versucht, direkt auf die tieferen Konflikte der Familie zuzusteuern.

Auch die *Sprache* der Familie darf der Therapeut nicht außer acht lassen, wenn er mit Hilfe des Bestätigungsmodells ein Gegenparadox einsetzen will. Jede Familie hat ihre eigene Sprache, und wenn er sich verständlich machen will, so muß der Therapeut sie erlernen oder zumindest seine eigene Sprache so weit modifizieren, daß die vor ihm sitzende Familie sie begreift. Ein klassischer Fall von sprachlich bedingtem gegenseitigem Unverständnis ist der, daß der Therapeut sehr „gelehrt" daherredet, während die Familie eine recht schlichte Sprache spricht.

Einige Familien zeigen sich einer nichtverbalen Kommunikation gegenüber aufgeschlossener, während für andere das Reden unabdingbar ist. Wenn die Familie eine Sprache benutzt, in der die Phantasie vorherrscht, so ist eine Intervention in Form von Metaphern, Anekdoten und Geschichten wohl die geeignetste.

Zu sagen: „Eure Ehe ist ein Spiel mit einer Nullmenge" heißt, sich einer Sprache zu bedienen, die für die meisten Paare, die sich in Therapie begeben, unverständlich ist. Sie kann jedoch zur Bestätigung der familiären Sprache beitragen, wenn das Paar sich aus zwei Mathematikern zusammensetzt.

Doch das Element, das dem Therapeuten die meisten Hinweise zur richtigen Konstruktion der gegenparadoxen Intervention liefert, ist das Problem, das die Familie ihm darlegt. Wir möchten diesem deshalb hier einen sehr viel größeren Platz einräumen.

Das präsentierte Problem

Das Problem, das die Familie dem Therapeuten präsentiert, ist in der Regel das Resultat eines langen Selektionsprozesses, der sich zuvor in der Familie abgespielt hat: Es handelt sich um ein Problem, das in seinem Inneren viele weitere Probleme enthält und *in dem die verschiedenen Totalitäten der Familienmitglieder sich kreuzen.* Das präsentierte Problem oder Symptom stellt das einzige Verhalten dar, in dem die Familienlogik schlüssig wird, und zwar auch dann, wenn sie zutiefst verschroben und unangemessen erscheint.

Diese Kohärenz zwischen symptomatischem Verhalten und Familienlogik, die Übereinstimmung, die zwischen dem präsentierten Problem und der unzulässigen Totalität der Familie herrscht, erklärt, weshalb schon eine geringfügige Modifizierung tiefe Veränderungen der Familienstruktur herbeiführen kann.

Quantität und Qualität der im Symptom oder Problem enthaltenen Information stellen das wichtigste Instrument für die therapeutische Veränderung (dieses begrenzten Bereichs des interaktiven Verhaltens) dar. Beobachtung, Utilisation und tailoring und damit die Bestätigung bilden die tragende Struktur des therapeutischen Gegenparadoxes. Wir könnten also die bekannte Behauptung von Watzlawick, Weakland und Fish: „die versuchte Lösung ist das Problem" umkehren und sagen: „das präsentierte Problem ist die Lösung".

Wir möchten nun einige Aspekte des präsentierten Problems erörtern, aufgrund derer die gegenparadoxe Intervention aufgebaut werden kann: a) die Beschreibung des Problems von seiten der Familien; b) der Inhalt des Problems; c) die Form des Problems; d) die Entwicklung des Problems.

Die Beschreibung des Problems

Eine Familie, die sich in Therapie begibt, kann ihr Problem oder Symptom als ein Leiden darstellen, das ein Ende finden muß, oder als einen Wunsch nach Änderung, als unerträgliche Situation, als eine Bitte um Hilfe. Der Therapeut kann die Art, wie die Familie ihr Problem darstellt, aufgreifen und sie als Begründung für eine Änderung nutzen; er wird seine gegenparadoxe Intervention also so konstruieren, daß er sie der Familie als Instrument präsentieren kann, um dem Leiden ein Ende zu machen, dem Wunsch nach Änderung Folge zu leisten, die unerträgliche Situation aufzulösen, der Bitte um Hilfe nachzukommen.

Der Inhalt des Problems

Sehr verschiedene Erwartungen können von den Familien an den Therapeuten herangetragen werden. Den Inhalt dieser Erwartungen muß er sehr aufmerksam prüfen, denn sie weisen ihm den Weg bei der Auswahl des für die jeweilige Familie geeigneten Paradoxes. Die drei Fragentypen, die ihm am häufigsten gestellt werden, sind: „Warum?", „Was sollen wir tun?" und „Wie geht es nun weiter?"

Der erste Fragetyp wird meist etwa folgendermaßen formuliert: „Warum verhält sich unser Sohn auf diese Weise?" Die Familien erwarten sich damit vom Therapeuten eine *Erklärung* für das symptomatische Verhalten ihres Sohnes; sie orientieren sich also hauptsächlich nach der *Vergangenheit,* um dort eine Begründung für die gegenwärtige Situation zu finden. Da die Familie in diesem Fall also auf eine Erklärung hofft, besteht das geeignete Gegenparadox in einer paradoxen *Definition* des identifizierten Patienten und seines symptomatischen Verhaltens.

Der zweite Fragetyp könnte etwa lauten: „Was sollen wir mit unserem Sohn, der sich auf diese Weise verhält, tun?" In diesem Fall erwartet die Familie *konkrete Anweisungen* für ihr Handeln; sie ist also in erster Linie an der *Gegenwart* interessiert und an einer *unmittelbaren Lösung ihrer Probleme.* Entsprechend besteht die geeignete Intervention in diesem Fall in einer *paradoxen Verschreibung,* mit der der Familie gesagt wird, was sie „tun" soll.

Der dritte Fragetyp drückt die Erwartung aus, daß der Therapeut ein prognostisches Urteil über die *zukünftige Entwicklung* des präsentierten Problems stellt: „Was wird aus unserem Sohn, der sich so verhält, werden?" Die Familie ist also auf die *Zukunft* ausgerichtet und blickt ihr mit Angst und Besorgnis entgegen. Der Therapeut wird hier mit einer *paradoxen Vorhersage* intervenieren, mit der er zum Ausdruck bringt, wie sich seiner Meinung nach das Problem weiterentwickeln könnte.

Die Form des Problems

Das Problem kann auf verschiedene Weisen präsentiert werden, die jedoch von der bestimmten Pathologie der jeweiligen Familie abhängen. Wir haben bisher nur jene Fälle berücksichtigt, in denen die Familien ihr Problem oder Symptom klar und deutlich zum Ausdruck brachten. In solchen Fällen können wir jederzeit die oben aufgeführten Grundsätze zur Anwendung bringen und uns der Techniken der Definition, Verschreibung oder gegenparadoxen Vorhersage bedienen.

Das ambivalente Problem

Doch nicht immer liegen die Dinge so einfach, und oft haben wir es mit Familien zu tun, die ihr Problem auf ambivalente Weise darstellen. Das Problem wird ambivalent, wenn die Familie mehrere Probleme gleichzeitig präsentiert und sie nicht recht in eine hierarchische Ordnung zu bringen vermag.

Dem Therapeuten können dadurch Schwierigkeiten erstehen, da seine Bemühungen, das eigentliche Problem zu identifizieren, an der Unfähigkeit der Familie scheitern, die Probleme einzeln und nacheinander darzustellen. Diese Unfähigkeit kann sowohl von einer Meinungsverschiedenheit der einzelnen Familienmitglieder über das eigentliche Problem abhängen, als auch von einem von allen geteilten Bedürfnis, das eigentliche Problem in seiner Ambivalenz zu belassen. Die Bemühungen von seiten des Therapeuten, ein eindeutiges Problem ausfindig zu machen, sind fast immer vergeblich; in diesem Falle ist es vielmehr angebracht, *die ambivalente Form*, in der die Familie das Problem präsentiert, *zu dulden* und ihr mit einer *multiplen gegenparadoxen Intervention* zu begegnen.

Die multiple gegenparadoxe Intervention enthält verschiedene therapeutische Paradoxien, die sich jede an eines der präsentierten Probleme wendet, so daß jedes Problem seine spezielle Antwort erhält. Der folgende Fall soll dies verdeutlichen.

Rosa ist sechzehn Jahre alt; vor einigen Monaten hat sie begonnen, sämtliche Gegenstände, mit denen die Familie in Berührung kommt, mit Seife und Desinfektionsmittel abzuwaschen. Den ganzen Tag über tut sie nichts anderes als das.

Die Mutter ist von diesem Verhalten Rosas sehr beunruhigt und hält es für krankhaft; der Vater aber ist ganz und gar nicht dieser Meinung, er ist vielmehr der Überzeugung, daß die Mutter diejenige ist, die krank ist: Sie hat ihr Leben lang obsessiv geputzt, sie merkt nicht einmal, daß sie viel schlimmer ist als Rosa. Er ist sogar überzeugt davon, daß die Mutter die Tochter nur deshalb für krank hält, weil sie es als einzige wagt, die absurden Waschrituale nachzumachen, die die Mutter schon immer sich und der Familie auferlegt hat.

Die Großmutter mütterlicherseits, die bereits seit der Heirat von Rosas Eltern bei ihnen lebt, meint, das einzig wahre Problem in dieser Familie sei Rosas Vater. Ihr zufolge zwingt er ihre Tochter und Enkelin zu einer übertriebenen Hausarbeit, weil er möchte, daß die Dinge immer wie neu aussehen, um nur ja nichts neu kaufen zu müssen: Ihr eigener Mann, der im letzten Jahr gestorben ist, sei da ganz anders gewesen.

Der Therapeut ist perplex über so viele unterschiedliche Definitionen des Problems, aber es wird ihm sehr schnell klar, daß es keine einzelne Alternative zu den ambivalenten Definitionen der Familie gibt. Jede von ihnen fordert, zum Ziel der therapeutischen Intervention gemacht zu werden.

Es ist also notwendig, jedes einzelne Problem in geeigneter Weise umzudefinieren; natürlich muß dabei darauf geachtet werden, daß die gegenparadoxen Umdefinierungen sich untereinander nicht widersprechen.

Rosas Verhalten wird also definiert als ein Versuch, der Mutter bei der anstrengenden Hausarbeit behilflich zu sein. Der übertriebene Putztrieb der Mutter wird als der Wunsch erklärt, den Mann zufriedenzustellen, der es gern ordentlich hat und will, daß alles immer wie neu aussieht. Die Tatsache, daß der Mann nichts Neues kaufen will, wird damit begründet, daß er vermeiden möchte, seiner Frau durch weiteren Hausrat noch mehr Arbeit aufzuladen. Die Sorge der Mutter um Rosa rührt daher, daß sie fürchtet, das Mädchen würde sich ähnlich abplagen wie sie selbst. Die Kritik des Mannes an seiner Frau soll im Grunde zum Ausdruck bringen, daß er nicht möchte, daß sie sich seinetwegen so abschuftet; und die kritische Haltung der Großmutter ihrem Schwiegersohn gegenüber will ihm eigentlich zu verstehen geben, wie sehr er sie an ihren verstorbenen Mann erinnert.

Häufig (vor allem in der Paartherapie) werden dem Therapeuten nur zwei nebeneinander bestehende Probleme präsentiert: In diesem Fall kann er auf die *kombinierte gegenparadoxe Intervention* zurückgreifen, die darin besteht, beide Probleme gleichzeitig zu nutzen und sie so zu kombinieren, daß die Lösung des einen sich aus dem anderen ergibt – wie zum Beispiel im folgenden Fall.

Das Ehepaar Daniela und Claudio beklagen sich einer über den anderen. Sie meint, er habe zuviel Pflichtgefühl: wenn er seine Tagesarbeit als Bankangestellter abgeschlossen habe, müsse er stets nochmals kontrollieren, ob auch alles richtig und in Ordnung sei, und auf diese Weise verbringe er jeden Tag drei oder vier Stunden länger als nötig an seinem Arbeitsplatz. Nie ist er zufrieden mit dem, was er gemacht hat, und nie findet er Zeit, sich zu entspannen und sich ein wenig zu vergnügen.

Claudio gibt zu, daß Entspannung und Vergnügen für ihn ein Luxus sind: Für ihn stehe die Arbeit stets an erster Stelle. Er wirft Daniela jedoch seinerseits vor, sie ließe sich zu sehr vom Lustprinzip leiten, sie sei immer zerstreut und nehme die Dinge, die sie tun muß, zu wenig ernst.

Nachdem der Therapeut sich die ambivalente Problematik des Paares angehört hat, entscheidet er sich für eine kombinierte gegenparadoxe Intervention, die beide Probleme (nämlich das übertriebene Pflichtgefühl einerseits und die übertriebene Vergnügungssucht andererseits) miteinander verbindet. Er wendet sich an das Paar und beginnt mit der Bemerkung, er sei überrascht, daß es trotz ihrer offensichtlichen Uneinigkeit eine merkwürdige Übereinstimmung in der Darstellung ihrer Probleme gäbe: daß nämlich *„keiner von ihnen wisse, woran ihm am meisten liegt".*

Beide sind von dieser Bemerkung offensichtlich verwirrt, doch hat der Therapeut auch ihre Neugier geweckt: Bisher dachten sie immer, sie hätten nichts gemein, und jetzt behauptet der Therapeut, es gäbe eine Übereinstimmung ihrer Probleme; außerdem sind beide der Meinung, daß sie sehr wohl wissen, woran ihnen am meisten liegt. Beide fordern vom Therapeuten eine Erklärung dessen, was er gesagt hat.

Der Therapeut erwidert darauf: Man könne es doch nicht anders als merkwürdig bezeichnen, daß ein Mann wie Claudio, dem nichts über die Pflicht geht und der um der Ausübung seiner Pflicht und um seines reinen Gewissens willen alles andere stehen und liegen ließe, ausgerechnet die wichtigste seiner Pflichten so lange vernachlässigt habe.

Claudio denkt eine Weile nach und gibt dann zu, daß er nicht wisse, welches die wichtigste seiner Pflichten sei. Der Therapeut erklärt darauf, *die wichtigste aller Pflichten sei das Vergnügen,* und nur wer als erstes diese Pflicht erfüllt habe, könne auch die anderen zur Zufriedenheit erledigen. Wenn Claudio also seine Arbeit gut machen wolle, so könne er diese Pflicht nicht einfach ignorieren.

Was Daniela betrifft, so hat sie dieser elementaren Pflicht zwar bereits ausgiebig Folge geleistet; dennoch, fährt der Therapeut fort, ist es eigentlich unverzeihlich, daß sie bisher einen wichtigen Aspekt davon ausgelassen hat: nämlich *das Vergnügen der Pflicht,* jenes tiefe Gefühl der Zufriedenheit, das uns überkommt, wenn wir etwas zur rechten Zeit und im rechten Sinne erledigt haben.

Damit hat der Therapeut die jeweilige Lebensweise, die Daniela und Claudio sich zum Prinzip erkoren haben, anerkannt; und obwohl die beiden Prinzipien gänzlich voneinander unterschieden sind, sagt er nicht, das eine sei besser als das andere; er versucht auch nicht, solch tiefverwurzelte Lebenseinstellungen zu ändern. Aber er kann nicht umhin, eine übereinstimmende Unlogik bei dem Paar festzustellen: Keiner der beiden Partner verhält sich wirklich ganz seinem jeweiligen Prinzip gemäß. Kein Wunder, daß sie dies in eine gemeinsame Unzufriedenheit geführt hat; und sie werden aus ihr kaum wieder herausfinden, wenn sie ihre eigenen Prinzipien nicht besser befolgen – wenn also der eine nicht lernt, seine Pflichten besser zu erfüllen, und die andere nicht lernt, ihrem Vergnügen besser nachzugehen.

Das konfuse Problem

Das Problem kann sich zuweilen auf konfuse Weise präsentieren, in dem Sinne, daß der Familie (und damit auch dem Therapeuten) nicht klar ist, worin die Schwierigkeit und das Problem liegen, die es zu überwinden gilt. Während das ambivalente Problem sich in Form von mehreren, nebeneinanderstehenden Problemen darstellt, die alle als gleich wichtig empfunden werden, weiß man in diesem Falle nur, daß da ein Problem ist, doch man erfährt nicht, welches.

Auch gegenüber einem konfusen Problem sind die Bemühungen von seiten des Therapeuten, Klarheit zu gewinnen, meist kläglich zum Scheitern verurteilt. Es empfiehlt sich daher, eine *konfuse Intervention (mit konfuser Umdefinierung, Verschreibung und Vorhersage)* anzuwenden, wie wir sie im vorhergehenden Kapitel im Fall von Luigi und Barbara beschrieben haben.

Die konfuse Intervention kann an sich schon eine therapeutische Wirkung zeitigen; andernfalls dient sie zur Herstellung einer klareren Definition des Problems, auf der dann eine gezieltere Therapie aufgebaut werden kann.

Das nichtverbale Problem

Es gibt Familien, die ihr Problem nicht verbal, sondern über andere, analoge Kanäle übermitteln. In solchen Familien mit geringem sprachlichen Ausdruck empfiehlt sich die Anwendung des *nichtverbalen Gegenparadoxes,* wie zum Beispiel im folgenden Fall.

Bereits in der ersten Sitzung zeigt Giuseppe sich sehr besorgt über seine Frau Elvira: Seit einiger Zeit nämlich leidet Elvira, eine seit jeher wortkarge Frau, an unkontrollierbaren Zuckungen in den Beinen, und sie mußte kürzlich deshalb sogar ihre Tätigkeit als Krankenschwester aufgeben. Zahlreiche medizinische Untersuchungen haben ergeben, daß Elviras Zuckungen auf keine somatische Krankheit zurückzuführen sind, und auch die Versuche mit Tranquilizer-Therapie sind wirkungslos geblieben.

Elviras Beine bewegen sich auf bizarre und unvorhersehbare Weise, was Giuseppe besonders stört, denn er ist ein Mann von peinlicher Genauigkeit und möchte alles, was in seiner Familie vor sich geht, unter Kontrolle halten.

Aber schon vor dem Auftreten von Elviras Störung hatte Giuseppe Schwierigkeiten, die Kontrolle so auszuüben, wie er es gerne wollte. Sowohl seine Frau als auch seine drei Töchter sind alle von Natur aus sehr schweigsam, und wenn er aus seiner Uhrmacherwerkstatt nach Hause kam und sie allabendlich um sich versammelte, um sie nacheinander über die Ereignisse des Tages auszufragen, bekam er nur einsilbige, wenig aufschlußreiche Antworten.

Voll Unzufriedenheit darüber, daß die Kommunikation mit seiner Familie nicht so klappt, wie er es möchte, und voller Besorgnis über die unkontrollierbaren Zuckungen Elviras, hat Giuseppe alles nur Menschenmögliche versucht, um das Problem in den Griff zu bekommen, bis dahin, daß er eine Unzahl von psychologischen und psychiatrischen Fachbüchern gekauft und studiert hat. Da er jedoch keine nützlichen Hinweise darin gefunden hat, wendet er sich nun voller Verzweiflung an den Therapeuten, mit der Bitte, ihm doch zu sagen, wie er sich zu verhalten habe, um diese unerträgliche Situation zu überwinden.

Der Therapeut antwortet ihm, daß er, wenn er wirklich aus dieser Situation herausfinden wolle, etwas studieren müsse, das er offensichtlich bisher noch nicht studiert habe. Als in Giuseppe Augen daraufhin ein Hoffnungsschimmer aufleuchtet, erklärt ihm der Therapeut, daß er bisher stets sehr großen Wert auf Worte gelegt habe, daß aber die Symptome seiner Frau und das Verhalten seiner gesamten Familie es unerläßlich machten, daß er sich einmal mit der *nichtverbalen Kommunikation* auseinandersetze. Möglicherweise sei Giuseppe die Bedeutung dieser Art von Ausdruck bisher entgangen, insbesondere der Ausdruck der unteren Körperextremitäten. Die Beine und die Füße – erklärt der Therapeut – übermitteln uns laufend Informationen, zum Beipiel durch ihre Stellung, die Ausrichtung der Fußspitze, die Bewegung der Gliedmaße etc. Die Verhaltensforschung hat uns gelehrt, daß, während Worte häufig falsche oder irrige Informationen geben und der Gesichtsausdruck leicht manipuliert und vorgetäuscht werden kann, die unteren Gliedmaßen uns dagegen stets ehrliche und zuverlässige Information liefern.

Giuseppe scheint von dieser Erklärung sehr beeindruckt zu sein und beginnt unverzüglich, die Beine seiner Frau mit einer Aufmerksamkeit zu beobachten, wie bisher noch nie. Elviras Beine, als wollten sie seinen Blick beantworten, vollziehen eine Serie von raschen Bewegungen. Giuseppe fragt den Therapeuten daraufhin, welche Bücher er lesen könne, um mehr über die nichtverbale Kommunikation zu erfahren, vor allem über die Kommunikation der Beine und Füße; der Therapeut nennt ihm einige Titel zum Thema, doch mahnt er ihn zugleich, daß die nichtverbale Kommunikation vor allem „am Objekt" studiert werden müsse.

Als Giuseppe nun fragt, wie er diese Forschungen „am Objekt" anstellen solle, wird ihm geraten, er solle seine allabendlichen Versammlungen wie immer und zur selben Zeit fortsetzen, und er solle auch die üblichen Fragen stellen, doch ohne sich eine verbale Antwort zu erwarten. Stattdessen solle er versuchen, die Antwort aus den nichtverbalen

Verhaltensweisen seiner Familienmitglieder zu dechiffrieren und dem Therapeuten dann mitteilen, zu welchen Schlüssen er gekommen ist. In der darauffolgenden Sitzung erscheint Giuseppe voller Begeisterung, während die unkontrollierbaren Beinbewegungen seiner Frau ein wenig gemildert scheinen. Giuseppe gibt einen ausführlichen Bericht über seine „nichtverbalen" Versammlungen ab und erklärt dann, daß ihm bei der Beobachtung der Gesten und Blicke klar geworden sei, wie schwer seine Verhöre auf den übrigen Familienmitgliedern lasten. Insbesondere seine Frau mache, wenn das Verhör zu hartnäckig würde, jedesmal eine bestimmte Bewegung mit den Beinen, als wolle sie ihm sagen „geh zum Teufel". Dieser und den anderen nichtverbalen Botschaften hat Giuseppe entnehmen können, daß seine Frau und seine Töchter ihn für kleinlich und aufdringlich halten, und daß sie sich von ihm ein ruhigeres und vergnüglicheres Leben wünschen.

Von seinem neueroberten Wissen überzeugt, fragt Giuseppe den Therapeuten, ob er nun die allabendlichen Versammlungen aufheben könne (da er ja nicht länger „zum Teufel geschickt" werden wolle), und ob er seine Frau in diesen Tagen einmal zum Abendessen ausführen dürfe, was er seit Jahren nicht mehr getan habe und was ihr seiner Meinung nach guttun würde.

Der Therapeut erwidert, daß Giuseppe dies tun könne, wenn er es wolle; aber das seien nicht die Dinge, auf die es ankäme. Was immer Giuseppe mit seiner Frau und seinen Töchtern tun möchte – das, worauf es ankäme, sei stets, daß er die Möglichkeit habe, seine erfolgreichen „Studien am Objekt" fortzusetzen, um sich ihre nichtverbalen Botschaften niemals entgehen zu lassen.

In der darauffolgenden Sitzung haben Elviras Beine so gut wie ganz aufgehört zu zucken, und sie selbst wirkt zum erstenmal unbefangen und gar gesprächig. Sie erzählt, ihr Mann habe sie zum Abendessen ausgeführt, und fügt amüsiert hinzu, es sei ihm gelungen, auch dabei die Anweisung des Therapeuten einzuhalten: Denn er habe – was gewiß nicht einfach wahr – ein Restaurant mit Glastischen gefunden, so daß er den ganzen Abend über die nichtverbalen Botschaften ihrer Beine beobachten konnte.

Das unmögliche Problem

Nicht selten sieht sich der Therapeut einem Problem gegenübergestellt, das so, wie es dargestellt wird, unlösbar zu sein scheint – manchmal von Anfang an, manchmal erst im Laufe der Therapie. In anderen Fällen wiederum wäre das Problem vielleicht gar nicht

122

unlösbar, aber der Therapeut kann die richtige Art der Intervention nicht finden, oder die Familie verweigert die notwendige Mitarbeit.

In der Regel wird dadurch jedoch bei der Familie die Erwartung eines erfolgreichen Eingreifens von seiten des Therapeuten nicht geringer, im Gegenteil, nicht selten vergrößert sich diese Erwartung proportional zur Schwierigkeit des Problems.

Es kann durchaus passieren, daß ein Therapeut sich geschmeichelt fühlt, wenn man ihm zutraut, ein unlösbares Problem zu lösen, und daß er deshalb versucht ist, es um jeden Preis in Angriff zu nehmen: Er beeilt sich also, die Familie mit neuen Ideen, neuen Gesichtspunkten und Lösungsvorschlägen zu versorgen.

Leider wird die Familie in den allermeisten Fällen mit diesen neuen Ideen nichts anfangen können; ihre Erwartung wird sie aber deshalb nicht herunterschrauben, was den Therapeuten wiederum dazu veranlassen könnte, noch mehr neue Ideen und Behandlungsmethoden zu erfinden... usw.

Um die Familie nicht zu enttäuschen und um sich selbst der Situation gewachsen zu zeigen, manövriert der Therapeut sich selbst in eine Sackgasse, in der er sich immer neue Ideen abzwingt, mit denen er aber nur seine eigenen Kräfte erschöpft und eine produktive Lösung der Probleme von seiten der Familie verhindert.

Vielmehr könnte der Therapeut der unzulässigen Totalisierung, daß er „alles" lösen können müsse, damit begegnen, daß er behauptet, „keine Ideen" zu haben.

Zuweilen ist diese Art der Intervention hilfreich (aber, wir möchten es noch einmal betonen, nur dann, wenn sie nicht als simple „Taktik" benutzt wird, sondern der subjektiven Wahrheit des Therapeuten entspricht) und führt nicht dazu, daß die Familie die Therapie abbricht, sondern dazu, daß das Problem ein bißchen weniger „unmöglich" wird. So etwa im folgenden Fall.

Nach zahlreichen Versuchen, eine Lösung für das Problem der Familie Arrighi zu finden, deren Sohn Alessandro an einer schweren Form von Autismus leidet, gibt der Therapeut zu, daß er einfach nicht mehr weiß, wie er die Therapie fortsetzen soll. Diese Äußerung ruft große Bestürzung auf seiten der Familie hervor – ein Ausdruck von Vitalität, wie er aufgrund der Entwicklung, die die Therapie bisher genommen hatte, schon nicht mehr für möglich gehalten wurde.

Anita, die Mutter, beschuldigt den Therapeuten, er wolle sie in dieser schlimmen Situation im Stich lassen; der Therapeut erwidert, es sei keineswegs seine Absicht, sie im Stich zu lassen, es fiele ihm nur, so wie die Dinge liegen, im Augenblick absolut nichts Neues mehr ein.

Die Mutter fragt, ob ihm vielleicht später wieder etwas einfallen würde, und er antwortet: Das hoffe er sehr.

Man beschließt also, in drei Monaten wieder miteinander zu telefonieren, um herauszufinden, ob dem Therapeuten bis dahin etwas eingefallen sei. Als Anita nach drei Monaten anruft, muß der Therapeut jedoch zugeben, daß er immer noch keine rechte Vorstellung davon hat, wie er die abgebrochene Therapie weiterführen könnte. Man vereinbart, nach weiteren drei Monaten nochmals zu telefonieren; als Anita wiederum anruft, sagt sie: „Ja, ja, ich habe mir schon gedacht, daß Ihnen immer noch nichte Neues eingefallen ist, aber ich hätte da so eine halbe Idee... Könnten wir nicht zu Ihnen kommen?"

Das indirekt präsentierte Problem

Wie wir gesehen haben, ist die Familie nicht immer dazu fähig, ihr Problem zu bestimmen; das bedeutet aber nicht, daß sie es nicht trotzdem auf ihre eigene Weise zum Ausdruck brächte. Mit anderen Worten: Die Familie vermag ihre Schwierigkeiten nicht direkt darzustellen, sie tut es hingegen in *indirekter Form*.

Das Problem kann ebenso vollkommen in Form von Anspielungen, Implikationen, Geschichten und Metaphern dargestellt werden. Falls die Familie diese Form der Darstellung wählt, muß der Therapeut sie bestätigen und darf nicht versuchen, sie in eine direkte, explizite Form zu übersetzen. Wenn er selbst eine Metapher benutzt, so nicht eine neue, selbsterfundene; vielmehr sollte er nur jene Metaphern benutzen, die die Familie selbst verwandt hat, um ihr Problem darzustellen.

Wiederum ist es die Familie, die die Art der Intervention bestimmt, und der Therapeut muß auf der Hut sein, um den richtigen Hinweis für seine indirekte gegenparadoxe Intervention zu erfassen.

Marco ist nun schon zweiundvierzig Jahre alt; seit zwanzig Jahren aber lebt er zurückgezogen, immer zwischen den vier Wänden eines Zimmers. Nach vielen ergebnislosen Klinikaufenthalten hat seine Familie vor Jahren beschlossen, ihn bei sich zu beherbergen, um ihn, wenn ihm schon nicht zu helfen ist, wenigstens selbst zu pflegen.

Seit Jahren schon ist die Familie von Marcos Verhalten äußerst beunruhigt: Er ißt nur, wenn jemand ihn füttert; er redet wenig und nur unzusammenhängendes Zeug; er verbringt den ganzen Tag im Bett; er vermag seine Ausscheidungen nicht zu kontrollieren; das Schlimmste aber ist, daß er ab und zu aus seinem Bett heraussteigt, gegen die Wände hämmert und alles kurz und klein schlägt, was ihm unter die Hände kommt, wobei er oftmals auch sich selbst verletzt, teils recht gravierend.

Um dies zu vermeiden, haben die Familienangehörigen Marcos Zimmer in einen wahren Bunker verwandelt. Die Fenster sind verriegelt, die Scheiben aus unzerbrechlichem Glas, die Tür ist mit einem Sicherheitsschloß versehen, und alle Möbel und Gegenstände, mit denen Marco sich verletzen könnte, sind entfernt worden.

In diese Art „Space-lab" wird eines Tages ein therapeutisches Team berufen, das sich nun also dieser langjährigen häuslichen Hospitalisierung gegenübergestellt sieht. Die Situation ist unverändert schlimm; aber da Marco mehrfach als ein Fall von Schizophrenie diagnostiziert wurde, hat die Fmilie sich längst diesem Schicksal ergeben; sie weiß deshalb auch nicht recht, was sie sich von dem therapeutischen Team erwarten soll.

Doch während Marcos Mutter den Therapeuten ihr schweres Los schildert, zeigt sie ihnen unter anderem eine junge Amsel, die sie im Hof gefunden hat und nun mittels einer Kette an eine Kommode gebunden hat. „Im Hof", erklärt sie, „leben viele Katzen, und eine kleine Amsel, die noch nicht fliegen kann, hätte kaum eine Chance, ihnen zu entkommen. Aber wenn ich sie hier in der Wohnung frei herumfliegen ließe, würde sie sich sicher wehtun, wenn sie gegen die Wände schlägt."

Außerdem hat Marcos Mutter gehört, daß eine Amsel, die eine Weile in Gefangenschaft gelebt hat, „den Geruch der Menschen annimmt" und deshalb von den anderen Amseln nicht mehr akzeptiert wird. Sie fragt die „Teamarbeiter" um Rat: Soll sie die junge Amsel in die Freiheit entlassen, auf die Gefahr hin, daß die Hofkatzen sie fressen, oder soll sie die Amsel noch bei sich behalten, auf die Gefahr hin, daß sie von den anderen Amseln nie mehr als ihresgleichen angenommen wird?

Auf indirekte, metaphorische Weise hat sie damit die scheinbar ausweglose Situation Marcos dargestellt; Mutter und „Teamarbeiter" stehen nun also vor dem schwierigen Problem, zwischen „Überleben" und „Freiheit" (sowohl für Marco wie für die Amsel) entscheiden zu müssen.

Das therapeutische Team, das in dieser metaphorischen Darstellung des Problems den einzigen Zugang zu einer ansonsten unbezwingbaren Festung erkennt, weiß zunächst nicht genau, welchen Weg es einschlagen soll. Nach einer ausführlichen Beratung darüber, was nun geschehen soll, schlägt einer der Teamarbeiter vor, einen alten Vogelhändler zu konsultieren, der in der Nähe eine Tierhandlung betreibt und bekannt dafür ist, alles über das Leben unserer gefiederten Freunde zu wissen.

Der Vogelhändler ist zunächst etwas perplex, dann empfiehlt er, die junge Amsel von der Kette zu lösen, ohne sie sogleich in den von den Katzen gefährdeten Hof zu entlassen. Sie müßte erst fliegen lernen, und dazu genüge für den Anfang ein kleines Zimmer, dann könne man sie in ein größeres Zimmer entlassen, bis ihre Flügel kräftig genug seien und sie gelernt habe, den Hindernissen auszuweichen. Erst dann könne man die Amsel gefahrlos in die Freiheit entlassen; anfangs würden die anderen Amseln sie vielleicht meiden, wegen ihres fremden Geruchs, aber mit der Zeit würden sie sie akzeptieren. Diese Beratung mit dem Vogelhändler wird Marcos Mutter referiert, ohne jeglichen Hinweis auf irgendwelche Ähnlichkeiten zur Situation ihres Sohnes. Gleichwohl kommt es im Laufe der nächsten Monate zu einigen überraschenden Änderungen.

Wenige Tage, nachdem die junge Amsel in die Freiheit entlassen ward, wird ein Umbau der Wohnung veranlaßt, und Marcos Zimmer wird mit einem danebenliegenden größeren Zimmer verbunden. Marcos Mutter und sein Bruder bringen ihm gemeinsam bei, sich in diesem erweiterten Raum zu bewegen, und sie machen lange Spaziergänge durch diese beiden Zimmer. Ein paar Wochen später wird die Tür geöffnet, und Marco darf nun sogar im Korridor auf und abspazieren. Und da er auch dabei keinerlei Schwierigkeiten macht, bringt man ihn schließlich auch hinaus, vor die Haustür, wenigstens für ein paar Minuten: zum erstenmal seit über zwanzig Jahren.

Die Entwicklung des Problems

Das präsentierte Problem ist gewissermaßen per definitionem in sich stabil und redundant. Trotzdem ist das Problem (oder Symptom) im Laufe der Zeit einer *beständigen Änderung* unterworfen. Seine Stabilität ist also nur relativ und läßt gleichwohl kleinere oder größere Änderungen zu.

Eine der wichtigsten Forderungen an den Therapeuten besteht darin, diese Änderungen zu erkennen. Wenn er bemerkt, daß das anfängliche Problem sich zu modifizieren beginnt, muß er entsprechend auch seinen Zugriff auf das Problem ändern und es den neuen Umständen anpassen. Da das Problem sich aber beständig weiterentwickelt, bedeutet dies, daß auch der therapeutische Eingriff laufend modifiziert werden muß. Einem erfahrenen Therapeuten genügt oft schon das Anzeichen einer geringen Änderung als Basis für eine andere, erweiterte Ausrichtung seiner Intervention. Wenn der Therapeut diese Veränderungen nicht wahrzunehmen vermag oder sie nicht genug beachtet, läuft er Gefahr, etwas verändern zu wollen, was sich vielleicht schon verändert hat (und die Veränderung damit unter Umständen sogar wieder rückgängig zu machen).

10. Kapitel

Fallbeschreibungen

Um dem Leser/der Leserin eine Vorstellung von der Flexibilität zu geben, die dem Therapeuten im Umgang mit den verschiedenartigen pathologischen Fällen abverlangt wird, möchten wir im folgenden ein paar Beispiele dafür anführen, wie eine gegenparadoxe Intervention konkret angewandt werden kann.

Das Paradox der Utilisation

Dieser Typ des therapeutischen Gegenparadoxes ist zur Bestätigung des symptomatischen Verhaltens hervorragend geeignet: Das Symptom wird dazu genutzt, sich selbst aufzulösen. Der selbstbezügliche Charakter des Utilisations-Paradoxes ist evident: Ein Teil des Symptoms, der mit besonderen Merkmalen ausgestattet ist, wird vom Therapeuten zum Abbau der totalisierenden Struktur desselben Symptoms eingesetzt.

> Carlo ist elf Jahre alt und das einzige Kind eines strenggläubigen, auf peinliche Ordnung bedachten Ehepaares. Seit einigen Monaten zeigt der Junge ein zwanghaftes, rituelles Verhalten, das das Leben der Familie von Grund auf verändert hat. Jedesmal, wenn sich die Familie zu Tisch setzt, sei's zum Mittag- oder zum Abendessen, beginnt Carlo schweigend zu beten und hört damit zuweilen mehrere Stunden lang nicht mehr auf. Carlo verlangt, daß die Eltern die ganze Zeit über still neben ihm sitzen und das Ende des Gebetes abwarten, bevor sie mit dem Essen beginnen, und die Eltern haben ihm bisher immer gehorcht.
>
> Seit Carlo dieses Symptom zeigt, sieht der Vater sich gezwungen, sehr viel früher als sonst nach Hause zu kommen (er kam ansonsten oft erst sehr spät, ohne einen bestimmten Grund dafür zu nennen), und auch der Mutter bleibt nichts anderes übrig, als bei Tisch neben ihrem Sohn sitzenzubleiben, während sie früher mit der Vorbereitung der Speisen so sehr beschäftigt war, daß sie beinahe die ganze Mahlzeit über in der Küche stand.

Die Eltern haben bereits alles nur Erdenkliche versucht, um Carlo von seinem ausgedehnten Gebetsritual abzubringen: Sie haben ihn angefleht, haben ihm gedroht, haben ihn bestraft, doch alles vergeblich. Schließlich brachten sie ihn zu einem Arzt, der ihnen zu einer Familientherapie riet. Nachdem sie dem Therapeuten Carlos Verhalten und ihre vergeblichen Versuche, ihn davon abzubringen, in allen Einzelheiten geschildert hatten, fragten sie ihn, was sie tun sollten, um zu verhindern, daß sie den größten Teil ihrer Tage bei Tisch sitzend verbringen müssen.

Der Therapeut antwortet ihnen, sie sollten zunächst auf alle Versuche, den Sohn vom Beten abzuhalten, verzichten und sollten stattdessen mit peinlicher Genauigkeit darauf achten, daß er folgende Anweisungen einhält: Noch am selben Abend sollten sie sich mit einer Stoppuhr ausrüsten (und da es sich um sehr gewissenhafte Leute handelte, besaßen sie gottseidank bereits eine), und sobald sie sich zu Tisch gesetzt hätten, solle die Mutter auf die Stoppuhr drücken und Carlo das Startzeichen geben. Carlo könne nun sein schweigsames Gebet wie üblich beginnen, mit einem einzigen Unterschied: Er solle dafür beten, „mit dem Beten aufhören zu können".

Nachdem die Mutter ihm das Startzeichen zu diesem besonderen Gebet gegeben habe, solle sie die Stoppuhr an den Vater weiterreichen, der nach genau 57 Minuten dem Sohn das Zeichen dafür geben solle, daß er nun das „Gebet darum, mit dem Beten aufzuhören" abschließen könne. Nach diesem vom Therapeuten auferlegten Gebet könne Carlo dann auf normale Weise weiterbeten, so lange er wolle und ohne daß die Eltern ihn auch nur im Geringsten davon abhielten. Der Vater solle die Stoppuhr wieder der Mutter überreichen, damit diese die Länge dieses „symptomatischen" Gebets registriere. Wenn das symptomatische Gebet sich im Laufe der nächsten Mahlzeiten verlängern sollte, so müsse auch das „Gebet darum, mit dem Beten aufzuhören" jedesmal um drei Minuten verlängert werden: Die Eltern müßten lediglich darauf achten, daß diese Zeitvorschriften peinlich genau eingehalten werden.

Als die Familie zur nächsten Sitzung erscheint, berichtet sie dem Therapeuten, daß Carlo vom ersten Abend an einige Mühe damit hatte, das „Gebet darum, mit dem Beten aufzuhören" durchzuhalten. Bereits nach wenigen Minuten bat er die Eltern, damit aufhören zu dürfen, doch sie blieben unerbittlich und bestanden darauf, daß er fortfahre, bis die Stoppuhr das Ende anzeige. Bereits an diesem Abend habe das „symptomatische" Gebet nur noch drei Minuten gedauert und sei dann mit jeder Mahlzeit kürzer geworden, bis zum gänzlichen Verschwinden; doch die Eltern hätten darauf bestanden, daß Carlo mit dem „Gebet darum, mit dem Beten aufzuhören" fortfahre. Sie sagten ihm, er dürfe es gewiß bald verkürzen, doch erst nachdem der Therapeut dies erlaubt habe.

Ein paar Monate später ist die Familie vollauf zufrieden, denn das therapeutische Gebet hat sich auf eine Dauer von einmal wöchentlich fünf Minuten reduziert. Doch immer noch achten alle peinlich genau darauf, die Zeit mit der Stoppuhr zu messen.

Das Paradox der Kontradiktion

Dieses Paradox greift die komplexe Kontradiktion auf: Sie ist den Symptomen und allen totalisierenden Verhaltensweisen eigen und entspringt der paradoxen Überzeugung, daß die gesamte Wirklichkeit unter einem einzigen, generalisierenden Aspekt zusammengefaßt werden könne.

Wenn ein Patient zum Beispiel behauptet: „Ich fühl mich in allem unsicher", so ist er ein Opfer dieser Kontradiktion. Sie kann ganz leicht mit der Frage: „Bist du sicher, daß du unsicher bist?" demaskiert werden. Das gegensätzliche Begriffspaar sicher/unsicher wird kombiniert, um die unzulässige Totalisierung aufzudecken; man kann dieses Verfahren überall dort anwenden, wo ein System von Überzeugungen oder Verhaltensweisen sich als absolut erweist.

Praktisch gesprochen bedeutet dies, daß bei diesem Gegenparadox das symptomatische Verhalten mit dem entgegengesetzten Begriff beantwortet und damit die Kontradiktion aufgedeckt wird – indem man eben die Kontradiktion nutzt, die der unzulässigen Totalisierung zugrundeliegt. Es handelt sich um die gleiche Methode, die Kurt Gödel verfolgte, als er sich bei der Erstellung seines Unvollständigkeitssatzes der „Principia Mathematica" bediente, um nachzuweisen, daß die „Principia" selbst auf totalisierenden Voraussetzungen beruhen.

Will der Therapeut das Paradox der Kontradiktion in seiner Therapie verwenden, so wird er sich also eines gegensätzlichen Begriffspaares bedienen (z.B. entscheiden/nicht entscheiden, vertrauen/nicht vertrauen, kontrollieren/nicht kontrollieren, selbständig sein/nicht selbständig sein usw.), es miteinander in Beziehung setzen und der darausfolgenden Kontradiktion auf diese Weise einen therapeutischen Sinn verleihen.

Das therapeutische Paradox trägt folgende Struktur: „Wenn Sie dies und dies (nämlich das als gesund erachtete Verhalten) erreichen wollen, so müssen Sie sich so und so verhalten (nämlich in Form des umdefinierten symptomatischen Verhaltens)." Oder: „Um so und so zu werden (gesundes Verhalten), müssen Sie dieses tun (Verschreibung des symptomatischen Verhaltens)."

Oder, um die Struktur anhand bestimmter Verhaltensmuster aufzuzeigen : „Wenn Sie selbständig werden möchten, so müssen Sie zunächst unselbständig sein." „Um nicht mehr mißtrauisch zu sein, müssen Sie jetzt mißtrauisch sein."[1] Oder: „Um mehr Kontrolle zu erhalten, müssen Sie sich zunächst erlauben, die Kontrolle aufzugeben." „Um entscheiden zu können, müssen Sie vorerst den Gedanken an eine Entscheidung fallen lassen."

In der folgenden Fallbeschreibung möchten wir zeigen, wie das Gegenparadox der Kontradiktion sich im aktuellen therapeutischen Prozeß realisieren kann.

> Belinda, eine attraktive junge Frau aus gutsituierter norditalienischer Familie, hat stets betont und bewiesen, daß sie sehr gut alleine und ohne fremde Hilfe zurechtkommt. Schon bald nach ihrer Hochzeit aber wird Belinda sich mehr und mehr des „merkwürdigen" Charakters ihres Mannes bewußt: Er ist sehr schweigsam und in sich verschlossen, er schaut sie nicht einmal an; darüberhinaus vernachlässigt er seinen Beruf, so daß die Lage nicht nur psychologisch, sondern auch finanziell äußerst bedrückend für sie ist. Jedesmal, wenn Belinda versucht, ihren Mann darauf anzusprechen und von ihm den Grund seiner Verschlossenheit ihr gegenüber zu erfahren, erhält sie als Antwort nur ein trockenes: „Ich will darüber nicht reden."
>
> Um ihrem Mann zu helfen und ihm etwas Gutes zu tun, überhäuft Belinda ihn mit Aufmerksamkeiten: Sie gibt sich Mühe, besonders leckere Speisen zu kochen, um seinen Appetit wiederzuerwecken, sie versucht, noch attraktiver auszusehen, in der Hoffnung, ihn sexuell anzusprechen, sie lädt Freunde ein, um sein soziales Interesse zu beleben. Aber alle Mühe ist vergebens, er verhält sich nach wie vor, als sei sie gar nicht vorhanden, im Gegenteil, seine Apathie wird nur noch schlimmer.
>
> Die junge Frau erzählt, daß sie ihren Eltern zu jedem Besuch sehr

---

[1] Wie aus diesen Fällen ersichtlich, führt das therapeutische Gegenparadox über Adverbien wie „vorerst" oder „zunächst" auch die zeitliche Begrenzung wieder ein, die durch die Unentscheidbarkeit der unzulässigen Totalität ausgeschaltet worden war.

kostspielige Geschenke mitbringe; sie habe sich dadurch bereits stark verschuldet, denn ihr Mann gebe ihr nunmehr so gut wie gar kein Geld mehr. Sie aber wolle auf diese Geschenke nicht verzichten, denn sie wolle vermeiden, daß ihre Eltern merkten, in welch schwieriger Situation sie stecke. Sie ist schon als sehr junges Mädchen zu Hause ausgezogen, um ihre Unabhängigkeit zu beweisen; sie hat sich niemals etwas vorschreiben lassen, und ebenfalls um ihre Unabhängigkeit zu beweisen, hat sie diesen düsteren und introvertierten Mann geheiratet. Sie war überzeugt gewesen, sie, mit ihrem unbefangenen Wesen, könne ihn „beleben". Sie wollte nicht die gleichen Fehler begehen wie ihre Mutter, der es nie gelungen sei, den Vater aus seiner ewigen Depression herauszuholen: Die Mutter sei nicht fähig, ihn aufzuheitern, ihn zu unterhalten, sie könne also auch nicht erwarten, daß er fröhlich sei. Die Eltern waren dagegen gewesen, daß Belinda diesen Mann heiratet, und hatten ihr vorausgesagt, daß es nicht gutgehen könne – was es Belinda nun noch schwerer macht, zuzugeben, daß sie sich in einer ganz ähnlichen Lage befindet, wie die Mutter mit dem Vater, und daß es ihr nicht gelingen will, die Lage zu verbessern. Aber bevor sie den Eltern eingestehen will, daß ihre Entscheidung, diesen Mann zu heiraten, falsch war, tut sie lieber so, als ginge alles gut in ihrer Ehe.

Im Gespräch kommt deutlich zum Vorschein, daß Belinda vor allem auf eines niemals verzichten möchte: nämlich auf ihre Unabhängigkeit, die für sie absolut ist: Sie hat immer alles alleine gemacht, auch wenn es zuweilen falsch war, und das soll auch so bleiben.

Der Therapeut antwortet: „Es könnte ohne weiteres so bleiben, wenn Sie ‚wirklich‘ unabhängig wären." „Aber das bin ich doch", erwidert Belinda ärgerlich, „vor allem meinen Eltern gegenüber; ich habe nie etwas von ihnen verlangt." „Wenn sie wirklich unabhängig wären, fiele es Ihnen nicht schwer, frei über Ihre Situation zu sprechen, aber das schaffen Sie nicht." „Aber wenn ich mit ihnen über meine Situation sprechen würde, sähe das aus, als wolle ich sie um Hilfe bitten." „Sie nicht um Hilfe zu bitten, ist kein Beweis für Unabhängigkeit, es ist vielmehr eindeutiges Zeichen für eine starke Abhängigkeit: Sie sind abhängig von Ihrem Bedürfnis, Ihre Unabhängigkeit zu beweisen." „Was soll ich also tun, um unabhägig zu werden von meinem Bedürfnis, unabhängig zu sein?" „Um wirklich unabhängig zu werden (auch vom Bedürfnis, unabhängig zu sein), müßten Sie den Gedanken akzeptieren, abhängig zu sein, auch Ihren Eltern gegenüber."

Belinda will nicht abhängig sein, auch nicht abhängig vom Bedürfnis, unabhängig zu sein; als sie das nächste Mal ihre Eltern besucht, faßt sie sich daher ein Herz und erzählt ihnen, in welch schrecklicher Lage sie sich befindet. Die Wirkung auf dieses Geständnis ist erlösend: Nicht nur fühlen Mutter und Tochter sich erstmals wirklich nahe, vereint in ihren gemeinsamen unglücklichen Erfahrungen, sondern die finanzielle Unterstützung, die die Eltern Belinda nun zukommen lassen, ermöglichen ihr, sich nicht mehr unabwendbar der unsicheren Zukunft mit ihrem Mann ausgeliefert zu fühlen.

Und als sich herausstellt, daß Belinda nun sowohl über die finanziellen Mittel als auch über die „psychische Unabhängigkeit" verfügt, um sich eine Arbeit zu suchen und ohne ihren Mann auszukommen, nimmt dieser sehr bald Abstand von seinem gleichgültigen Verhalten ihr gegenüber; er beginnt, sie mit Aufmerksamkeiten zu bedenken und ihr sein deutliches Interesse zu zeigen.

„Ich weiß nicht, ob ich mit meinem Mann zusammenbleiben möchte", erklärt Belinda, „das Wichtigste aber ist, daß ich nun die Möglichkeit habe, mich frei zu entscheiden."

Das Unvollständigkeits-Paradox

Wie wir gesehen haben, ist die unzulässige Totalisierung dadurch gekennzeichnet, daß eine schlichte Hypothese behandelt wird wie ein wahres Axiom, das keiner weiteren Beweise bedarf. Das therapeutische Paradox, das auf dem Prinzip der Unvollständigkeit gründet, stützt sich eben auf diesen Aspekt; ohne die Voraussetzungen und Überzeugungen, die diesem Axiom zugrunde liegen, in Frage zu stellen, folgt es seiner logischen Linie, bis die Unvollständigkeit sich herausstellt.

Im Augenblick, in dem der angenommene Grundsatz sich als unvollständig erweist, fällt seine „totale" Gültigkeit in sich zusammen, jedoch ohne die gültigen Teilaspekte anzutasten. Wir möchten dies anhand eines Comic-Strips von Smithe veranschaulichen (Abb. 4): Andy versucht, mittels der totalisierenden Behauptung, er sei ein gänzlich unnützer Ehemann, seine Frau Flo endlich loszuwerden – was diese jedoch auf logisch geschickte Weise zu verhindern weiß.

Abb. 4: Beispiel einer unvollständigen Totalisierung

Durch das therapeutische Gegenparadox wird also die totalisierende Verhaltens- oder Denkweise des identifizierten Patienten oder der Familie bestätigt, und eben mittels dieser Bestätigung gelangt man zur Auflösung der Totalität. Mit anderen Worten: nicht der Therapeut, sondern die logische Konstruktion des Patienten selbst löst, gewissermaßen auf selbstwirkende Weise, die unzulässige Totalisierung auf.

Eine Familie, deren kleine Tochter von Geburt an an einer schweren motorischen und sprachlichen Behinderung leidet, wird vom Hausarzt an den Familientherapeuten überwiesen. Schon in der ersten Sitzung stellt sich heraus, daß das eigentliche Problem darin besteht, daß der

134

Vater Paolo unerschütterlich davon überzeugt ist, die Behinderung seines Kindes käme daher, daß seine Schwester (die in der Sitzung nicht anwesend ist) vor Jahren auf ein kleines Angiom gedrückt hat, das das Kind auf der Stirn trägt. Paolo zufolge waren die Ärzte, die das Kind untersucht haben, schlichtweg Stümper; er weigert sich, ihrer Diagnose zu glauben, und bezweifelt trotz mehrfacher gegenteiliger Versicherung, daß die Behinderungen des Kindes angeboren seien.

Paolos Frau und Schwiegermutter hören ihm unter Kopfschütteln zu; um Entschuldigung heischend schauen sie auf den Therapeuten. Ohne es offen auszusprechen, möchten sie ihm offensichtlich zu verstehen geben, daß Paolo mit seiner absurden Meinung und seinen Zweifeln am ärztlichen Urteil ihnen das Leben unerträglich macht.

Nachdem der Therapeut sich Paolos Klagen aufmerksam angehört hat, erklärt er mit Nachdruck, daß er nicht daran glaube, daß Paolo wirklich Zweifel an der Diagnose der Ärzte hege; er äußert seine ernsthaften Zweifel an Paolos Zweifel. Paolo hält überrascht inne in seiner Beschwerde über die Ärzte und seinen Beschuldigungen gegen die Tante des Kindes und fragt, warum der Therapeut seine Zweifel in Zweifel stelle.

Der Therapeut antwortet: wenn jemand tatsächlich so schwerwiegende Zweifel habe wie Paolo, so hätte er sich gewiß nicht mit einer so oberflächlichen Untersuchung zufrieden gegeben; er wäre vielmehr seinem Verdacht nachgegangen und hätte darauf bestanden, weitere Ärzte zu Rate zu ziehen.

„Aber ich habe doch", verteidigt sich Paolo, „zwei verschiedene Ärzte konsultiert, und sie waren beide derselben Meinung."

„Zwei einzelne Ärzte reichen nicht aus, um sicher zu gehen, daß die Diagnose nicht falsch ist. Wenn man wirklich Zweifel hat, geht man gründlicher vor; man informiert sich zunächst, welche Ärzte für solche Fälle die kompetentesten sind, und dann konsultiert man diese Ärzte, selbst wenn sie in einer anderen Stadt oder gar in einem anderen Land leben. Sie, Paolo, haben nichts dergleichen getan, Sie haben nicht einmal überlegt, daß die Ärzte, die Sie konsultiert haben, ja auch der Meinung sein könnten, daß die Behinderung von der Berührung des Angioms herrührt und von Ihrer Schwester vielleicht nur bestochen worden sind."

Trotz seiner unerschütterlichen Überzeugung, daß seine Schwester an allem schuld sei, erscheint Paolo dies entschieden zuviel. „Nein, nein", erwidert er fast stotternd, „das habe ich nicht gemeint...meine Schwester würde so etwas niemals tun." „Wie können Sie dessen so sicher sein? Haben Sie es nachgeprüft? Haben Sie sie überwacht?" „Nun... ich habe sie schon seit ein paar Jahren nicht mehr gesehen." „Dann können Sie nicht sicher sein. Sie haben zu wenig Nachforschungen angestellt, als daß ich Ihren Zweifeln glauben könnte."

Nach und nach kommen Paolo Zweifel an seiner eigenen Meinung: „Vielleicht habe ich mich getäuscht; meine Tochter war auch schon krank, bevor meine Schwester sie berührte."

Im Laufe der Therapie versucht Paolo noch einige Male, von seiner Schwester zu sprechen; der Therapeut schlägt ihm daraufhin jedesmal vor, zunächst genauere Forschungen anzustellen. Mehr und mehr aber verlagert sich Paolos Interesse darauf, vom Therapeuten zu erfahren, wie das behinderte Kind in die Familie und die Gesellschaft eingegliedert werden könne; und ohne weitere Behinderung von seiten Paolos nimmt die Therapie ihren Lauf.

Das Verweigerungs-Paradox

Es kommt vor, daß die Anfrage der Familie den ethischen Vorstellungen des Therapeuten zuwider ist, und in diesem Falle kann der Therapeut – wenn die Fragestellung nicht modifiziert wird – die Therapie mit gutem Recht ablehnen.

Andere Gründe für die Verweigerung einer Therapie werden kaum jemals anerkannt, obwohl sie nicht weniger wichtig sein können. Eine zu starke Anteilnahme oder eine wie immer geartete Befangenheit, die Furcht, sich dem Problem nicht gewachsen zu fühlen, eine Krise oder ein ungelöstes Problem auf seiten des Therapeuten, das dem Problem der zu behandelnden Familie ähnlich ist, eine Beeinträchtigung der therapeutischen Handlungsfreiheit – das sind nur einige Beispiele dafür, was den Therapeuten dazu veranlassen könnte, die Therapie abzulehnen.

Ein Therapeut, der einer Familie therapeutisch „bestätigend" gegenübertreten möchte, kann seine eigenen Bedürfnisse nicht schlechthin übergehen, vor allem wenn er merkt, daß damit die ganze Therapie vereitelt werden könnte. Wenn er hingegen auch seine eigenen Bedürfnisse bestätigt oder die Therapie gar ablehnt, so hat dies erfahrungsgemäß oftmals einen therapeutischen Effekt auf die Familie. In einigen Fällen erzielt man gerade durch eine gut begründete Ablehnung der Therapie Resultate, die man niemals erreichen würde, wenn die Therapie sich hinzieht, ohne daß die rechten Voraussetzungen dafür gegeben sind.

Eine Ablehnung der Therapie kann auf recht verschiedene Weise ausgedrückt werden; aber nur mit einigen wenigen Ausdrucksweisen kann man erreichen, daß die Familie sich nicht einfach nur abgewiesen fühlt, sondern daß die Ablehnung vielmehr den Effekt einer gegenparadoxen Intervention erzielt. Die Ablehnung enthebt den Therapeuten nicht von seiner Aufgabe, Informationen zu sammeln und die wichtigsten Variablen der Familie wenigstens in großen Zügen einer Bewertung zu unterziehen. Erst diese Bewertung versetzt den Therapeuten, ganz wie in einer normalen Therapie, in die Lage, seiner Ablehnung (wenn möglich) eine therapeutische Wirkung zu verleihen.

Herr Bedini bringt seine Frau Bianca zum Therapeuten mit der Bitte, sie einer Hypnose zu unterziehen, da er endlich Sicherheit haben möchte über ein Ereignis, das sich vor 25 Jahren zugetragen hat. Als nämlich Herr Bedini zu jener Zeit eines Abends nach Hause gekommen war, hatte er seine Frau nicht alleine, sondern in Gesellschaft eines Nachbarn vorgefunden. Seine Frau hatte ihm erklärt, der Mann sei Klempner und wäre gekommen, um ein verstopftes Abflußrohr zu reparieren, doch diese Erklärung hatte Herrn Bedini nicht überzeugen können.

Von diesem Tag an ließ Herr Bedini seiner Frau keine Ruhe mehr: Er hörte nicht auf, sie auszufragen und nach der Wahrheit zu forschen. In den 25 Jahren hatte sich ihre Ehe so in eine Hölle verwandelt – eine Situation, die schwer auch auf ihren Kindern lastete, die oftmals Zeugen von Herrn Bedinis Verhören werden mußten. Herrn Bedini selbst quälten seine Zweifel so sehr, daß ihm das Arbeiten immer schwerer fiel und er nun nahe davor stand, entlassen zu werden.

Der Therapeut möchte zunächst noch einmal genau wissen, was von ihm erwartet wird, und Herr Bedini erklärt daraufhin nochmals, er könne nicht weiter im Zweifel leben und wolle daher, daß seine Frau hypnotisiert würde, damit endlich herauskäme, was vor 25 Jahren wirklich passiert ist.

„Es tut mir leid", antwortet daraufhin der Therapeut, „aber ich fürchte, ich kann nichts für Sie tun." Herr Bedini erwidert düster: „Aber Sie müssen etwas tun." Darauf der Therapeut: „Ich kann nicht, und selbst wenn ich es könnte, gäbe es nichts auf der Welt, was mich zu diesem Schritt bewegen könnte." Herr Bedini fragt wütend: „Warum nicht?" „Sehen Sie, wenn es mir nun gelänge, Ihre Zweifel zu zerstreuen und wenn herauskäme, daß Sie ungerechtfertigterweise 25 Jahre lang Ihrer Frau und Ihren Kindern das Leben zur Hölle gemacht haben, so würden Sie noch viel mehr leiden als jetzt. Verlangen Sie also nicht von mir, daß ich Ihnen helfe, ich kann nichts für Sie tun."

Dies stimmt Herrn Bedini nachdenklich; noch einmal protestiert er schwach, doch er wird, zusammen mit seiner Frau, schnell hinauskomplimentiert.

Etwa ein Jahr später meldet er sich wieder mit der Bitte um einen neuen Termin. „Sie wissen, daß ich Ihre Frau nicht hypnotisieren kann, wie Sie es möchten; was wünschen Sie also von mir?" fragt ihn der Therapeut. Herr Bedini fällt ihm ins Wort: „Nein, diesmal handelt es sich nicht um meine Frau, sondern um mich; ich bin es, der Ihre Hilfe braucht." „Ich glaube nicht, daß ich Ihnen helfen kann; aber ich bin bereit, Sie zu empfangen, unter der Bedingung, daß Sie von mir nicht etwas verlangen, was ich nicht tun kann."

Als Herr Bedini im Sprechzimmer erscheint, hat er nicht mehr jenen mißtrauischen Ton an sich, wie noch vor einem Jahr; er wirkt auch weniger angespannt: „Leider hatten Sie recht, ich habe nun beinahe keine Zweifel mehr an meiner Frau; aber ich leide entsetzlich unter den Vorwürfen, die ich mir über das mache, was ich meinen Kindern, meiner Frau und mir selbst angetan habe. Ich habe aufgehört, sie zu quälen, und habe versucht, mich selbst damit zu bestrafen, daß ich wieder so hart arbeite, wie es nur geht. Trotzdem bedrückt mich die Sache sehr. Können Sie mir helfen?"

„Nein", antwortet der Therapeut, „ich kann Ihnen nicht helfen; ich kann Ihnen nur raten, sich solange Sie können jenen kleinen Rest von Zweifel zu bewahren, der Ihnen geblieben ist."

Das Paradox Patient-Therapeut

Bei diesem Typ von Intervention beschränkt der Therapeut sich nicht darauf, das symptomatische Verhalten des identifizierten Patienten zu bestätigen, sondern er eignet sich dessen Verhalten vielmehr an. Auf diese Weise entzieht er dem identifizierten Patienten das Symptom, so daß dieser andere Verhaltensweisen entwickeln kann.

Diese Art von gegenparadoxer Intervention stützt sich also auf das Verhältnis zwischen dem familiären System und dem Therapeuten. Damit dieses Gegenparadox optimal angewandt werden kann, sollte das Verhältnis sich bereits therapeutisch gefestigt haben: Es wäre also ein Fehler, es gleich am Anfang einer Therapie einbringen zu wollen.

Auch diese Art der Intervention kann nicht als einfaches Mittel zum Zweck eingesetzt werden, sondern muß einem realen Gemütszustand des Therapeuten entsprechen, den er therapeutisch zu nutzen vermag. Nur unter dieser Voraussetzung können Patient und Familie jene Einfühlung dem Therapeuten gegenüber entwickeln, die der Schlüssel zur Änderung ihrer bedrückenden Situation sein wird.

Schließlich verlangt dieses Gegenparadox dem Therapeuten die Bereitschaft ab, die Rollen (wenigstens zeitweise) zu vertauschen und die Hilfe anzunehmen, die die Familie ihm anbietet.

Gregorio und seine Frau Livia befinden sich nun, wegen einer nachhaltigen Depression Gregorios, seit circa einem Jahr in Therapie. In der Regel beginnt jede Sitzung damit, daß Gregorio eine lange Klage des Inhalts anstimmt, daß er so nicht mehr weiterleben könne, daß das Leben ihm absolut keine Freude mehr mache und daß die Therapie ihm kein bißchen helfen würde. Diese Klage wird meist gefolgt von Livias Beschwerde darüber, was sie alles wegen der Depression ihres Mannes nicht machen könne: ihre Freunde sieht sie überhaupt nicht mehr, weil er niemanden sehen will, sie kann nicht aus dem Haus, weil sie ihn nicht allein lassen kann, für den Haushalt und für sich selbst hat sie auch keine Zeit mehr, weil sie sich immer nur um ihn kümmern muß.

Auch in dieser Sitzung läuft die Sache gewissermaßen wieder nach Plan ab – bis der Therapeut, dem es langsam zuviel wird, nach zwanzig Minuten das Klagelied des Paares unterbricht. Er sagt: „Ich möchte euch gerne erklären, wie die Dinge liegen: Als ihr heute kamt, fühlte ich mich recht mutlos bei dem Gedanken, daß alles wieder so laufen würde wie immer. Leider kam es dann wirklich so, wie ich befürchtet hatte: Wieder hat sich seit der letzten Sitzung nichts geändert. Ich habe das bereits an euren Gesichtern gesehen, als ihr eintratet; jetzt habt ihr mir meine Befürchtungen auch mit Worten bestätigt, und es ist ausgesprochen bitter für mich, zu sehen, daß die Therapie völlig nutzlos ist. Ihr müßt entschuldigen, aber ich kann nicht anders, als über diesen Mißerfolg nachzudenken: Er macht mich so traurig, daß ich Zweifel daran habe, ob ich euch heute weiterhelfen kann. Ich bezweifle sogar, ob ich euch überhaupt noch weiterhelfen kann, denn ich habe den Eindruck, daß ich jedesmal, wenn ich euch sehe, erkennen muß, daß diese Therapie gescheitert ist, und ich weiß nicht, ob ich das aushalten werde."

Livia beeilt sich, den Therapeuten zu beruhigen: „So dürfen Sie das nicht sehen, es gibt keinen Grund dafür, sich so niederdrücken zu lassen, die Dinge laufen gar nicht so schlecht, wie man meinen könnte." Und ihr Gatte fügt hinzu: „Seit wir zu Ihnen in die Therapie kommen, hat sich unser Verhältnis entschieden gebessert, das heißt, wir...

vielleicht sollten wir es ihm sagen..." „Ja, wir müssen es ihm sagen", fällt ihm seine Frau ins Wort, „wir haben nämlich beschlossen... nachdem wir solange unsicher waren über unsere Ehe... ich meine, wir haben endlich beschlossen, ein Kind haben zu wollen."

Der Therapeut fragt sich im Stillen, warum die beiden sich nicht gleich zu Anfang der Sitzung so positiv gezeigt und ihm ihren Kinderwunsch mit ähnlicher Genugtuung unterbreitet haben. Dann fährt er fort: „Was ihr da sagt, tröstet mich nicht: Es ist mir schon oft passiert, daß ich mir vorgemacht habe, die Dinge hätten sich gebessert, und fast immer mußte ich erkennen, daß ich mich geirrt hatte. Ich kann nicht mehr an eine Besserung glauben, ich bin darin zu oft enttäuscht worden."

Gregorio fällt ihm ins Wort: „Sie sehen die Dinge zu schwarz; ich möchte Ihnen hingegen versichern, daß sich im Ernst sehr vieles gebessert hat und daß diese Besserung auch andauern wird."

„Ich bin Ihnen sehr dankbar für Ihre Aufmunterungsversuche, aber leider will es mir heute nicht gelingen, etwas anderes zu sehen, als eine einzige, nicht wiedergutzumachende Katastrophe, an der allein ich schuld bin."

„Hören Sie, ich kann das gar nicht mitansehen, wenn Sie so niedergedrückt sind und solche Sachen sagen", sagt Gregorio, und Livia fügt hinzu: „Können wir irgendetwas für Sie tun?"

„Ich fürchte, da gibt es nicht viel zu tun", antwortet der Therapeut.

„Aber vielleicht ginge es mit einer Hypnose: Ich weiß noch sehr gut, als Sie mich hypnotisiert haben, ging es mir anschließend viel, viel besser. Ich könnte versuchen, mit Ihnen etwas ähnliches zu machen, wenn Sie einverstanden sind", schlägt Gregorio vor.

„Aber das ist doch eure Therapie und nicht meine; ihr kommt doch hierher, um eure Lebensumstände zu verbessern, nicht die meinen; und selbst wenn es euch gelingen würde, mir wieder Mut einzuflößen, seid immer ihr es, die das Honorar bezahlen müßt..."

„Schauen Sie, wenn Sie weniger niedergedrückt sind, so ist das auch für uns von großem Vorteil", erwidert Livia prompt. „Sie müssen sich daher um die Bezahlung keine Sorgen machen. Es ist unsere Therapie, und wir möchten sie fortsetzen mit einem Therapeuten, der in Form ist. Gregorio weiß, wie man hypnotisiert, er hat es von einem Freund gelernt und hypnotisiert sich zu Hause auch selbst, wenn er seine üblichen Kopfschmerzen bekommt oder nicht schlafen kann; fast immer geht es ihm danach besser, und ich glaube, Sie können sich ihm ruhig anvertrauen."

Ein paar Minuten später beginnt Gregorio: „Nun, Herr Doktor, schließen Sie bitte die Augen und versuchen Sie, sich ganz zu entspannen; denken Sie nur an angenehme Dinge, alles ist in bester Ordnung und Sie können vollkommen zufrieden sein. All Ihre Sorgen lösen sich, Sie sind ganz heiter: Nun können Sie von etwas träumen oder sich etwas vorstellen, was Ihnen angenehm ist... nur angenehme Dinge, nichts Trauriges und nichts Bedrückendes..."

Die Hypnose geht weiter, und als der Therapeut von Gregorio wieder geweckt wird, berichtet er: „Ich muß anerkennen, daß Sie das sehr gut gemacht haben: Es ist mir voll und ganz gelungen, nicht mehr an die bedrückenden Dinge zu denken, und ich habe auch zwei sehr angenehme Träume gehabt. Der erste Traum betraf sehr persönliche Dinge, und ich möchte daher nicht darüber sprechen; im zweiten Traum aber habe ich euch beide gesehen, zusammen mit einem neugeborenen Kind. Ich weiß natürlich, daß das nur ein Traum war, aber ihr machtet darin beide einen sehr glücklichen Eindruck. Ihr dürft das nicht als eine Aufforderung ansehen, nun gleich das Kind zu bekommen, das ihr euch wünscht; ich glaube nicht, daß der Traum für euch von Wert sein kann, aber für mich war er wichtig, denn ich habe einen Augenblick lang alle Enttäuschung vergessen und euch zufrieden gesehen, wenigstens im Traum."

Die darauffolgende Sitzung beginnt zum erstenmal in diesem Jahr, das die Therapie nun schon dauert, nicht mit den üblichen Klagen: Gregorio und Livia erscheinen vielmehr endlich mit einem Lächeln auf dem Gesicht, und mit behutsamer Zufriedenheit behalten sie von nun an die Reaktionen des Therapeuten aufmerksam im Auge.

Kontraindikationen der paradoxen Therapie

Gefährliches oder schädliches Verhalten. Das therapeutische Gegenparadox bleibt als generelles Prinzip unter den verschiedenen Umständen eines therapeutischen Prozesses unverändert gültig. Sein Einsatz als Interventionstechnik erfordert jedoch notwendigerweise eine genaue Prüfung der Indikationen und Kontraindikationen.

Der Gebrauch des Gegenparadoxes in Form von Verschreibung oder Umdefinierung ins Positive ist *nicht* angebracht bei Verhaltensweisen, die für den Patienten oder andere schädlich oder gefährlich sind. Nicht nur aus ethischen und legalen Gründen, sondern auch aufgrund eines realen Risikos ist die Verwendung des Paradoxes bei aggressivem Verhalten, bei Suizidgefahr, Anorexie, Drogenabhängigkeit usw. kontraindiziert.

Jemandem zu suggerieren, er solle trinken, Drogen nehmen, nichts essen oder sich umbringen, kann niemals als therapeutische

Intervention fungieren, auch wenn dies zuweilen versucht worden ist. Solche „Verschreibungen" hat es in der Tat gegeben, in der Hoffnung, daß sie auf gegenparadoxem Wege das Gegenteil bewirken, doch kann man sich auf diese Wirkung niemals verlassen; wenn man ein Verhalten verschreibt, so besteht vielmehr stets die Möglichkeit, daß dieses Verhalten auch ausgeführt wird.

Wer eine paradoxe Intervention vornimmt, muß immer mit den beiden Möglichkeiten rechnen, daß a) die Verschreibung nicht ausgeführt wird, und b) die Verschreibung ausgeführt wird.

Gerade die Freiheit, sich für eine der beiden Alternativen zu entscheiden, erlaubt dem identifizierten Patienten und seiner Familie, die Unentscheidbarkeit ihrer Situation zu überwinden. Der Therapeut muß daher bereit sein, sowohl die eine wie die andere Entscheidung zu akzeptieren, was er aber nicht tun kann, wenn es sich um ein gefährliches Verhalten handelt.

In solchen Fällen kann der Therapeut auf andere Modi der gegenparadoxen Intervention zurückgreifen, wie etwa auf das *splitting* oder den Einsatz der Phantasie.

Das *splitting* (Lankton und Lankton, 1986) besteht in einer Verschreibung, die erst dann vorgenommen wird, nachdem das Symptom und das als gefährlich angesehene Verhalten in eine Reihe von aufeinanderfolgenden Schritten zerlegt wurde. In der Praxis bedeutet dies: Der Therapeut sondert jene Verhaltensweisen aus, die der gefährlichen und zu unterbindenden Aktion vorausgehen, und verschreibt eine von ihnen mit dem Zweck, die Kontrolle über das Verhalten zu verbessern.

Auf diese Weise gelingt es dem Patienten, sich zu „bremsen", bevor er zum unerwünschten Verhalten gelangt. So kann man zum Beispiel die Kontrolle über das Gefühl der Niederlage verschreiben, das der Wut vorhergeht, die wenig später in ein aggressives Verhalten umschlagen würde.

Der Einsatz der Phantasie (Whitaker, 1977a) hingegen wendet sich an die Möglichkeit, das schädliche Verhalten durch alternative Phantasien zu entschärfen. Eine Frau, die einen Selbstmordversuch unternommen hat, könnte man zum Beispiel fragen: „Wenn Sie Ihren Mann umbringen wollten, wie würden Sie das anstellen?"

Eine andere Möglichkeit, die Whitaker nahelegt, ist die, auf das Symptom selbst einzuwirken, indem der interpersonelle Druck vom Druck der innerpersönlichen Phantasien getrennt wird: Der Patient soll sich nun die möglichen und oft unerwünschten Folgen seiner Handlung „ausmalen“. Die obengenannte suizidgefährdete Patientin würde also in diesem Falle aufgefordert, sich vorzustellen, wie lange ihr Mann wohl über ihren Tod trauern würde, wen er später wohl heiraten würde, wie lange ihre Kinder um ihren Tod trauern würden, ob ihr Mann die Kinder nach ihrem Tod wohl ihrer Schwiegermutter in Pflege geben würde.

Auf diese Weise wird der innerpersönliche Druck auf die interpersonelle Ebene zurückgeführt; darüberhinaus vermag diese Art der Intervention, durch die die Phantasien einer offenen Diskussion zwischen den Familienmitgliedern zugänglich gemacht werden, die Kommunikationsverhältnisse der Familie sehr zu verbessern.

Regeln des settings. Eine Kontraindikation des Gegenparadoxes stellen auch das „setting“ und seine Regeln dar. Das „setting“ regelt den praktischen therapeutischen Kontext, es bestimmt, bis zu welcher Grenze der Therapeut die Bestätigung der dysfunktionalen Verhaltensweisen treiben kann: Dieses Reglement kann nicht mit einer gegenparadoxen Verschreibung verbunden werden.

Denn der Therapeut kann die Einrichtung seines „Operationsraumes“ und die Wahl seiner „Instrumente“ nicht der Familie überlassen. Gemeint ist damit der Bereich, in dem der Therapeut mit größter Wirksamkeit definieren kann, was Bowen die „Position des Selbst“ genannt hat (während es in allen anderen Bereichen der Familie zukommt, ihre „Position des Selbst“ zu bestimmen); und es ist eben dies der Bereich, in dem die Familien in der Regel den Therapeuten einer Kraftprobe unterziehen. Einem Therapeuten, der die Normen seiner Position nicht klar zu definieren und sich den nötigen Respekt zu verschaffen vermag, wird es schwerlich gelingen, der Therapie die gewünschte Richtung zu geben.

Die Regeln des settings stellen das Rüstzeug für die Therapie dar, aber in einem gewissen Sinne gehören sie auch schon selbst zur Therapie, da die Art, wie der Therpeut mit ihnen umgeht, die Familie darüber informiert, wie sie mit ihren eigenen Regeln umzugehen hat; insofern ist das setting bereits eine indirekte, aber sehr wirksame Weise, die familiäre Organisation zu beeinflussen.

Wenn nun die Familie diese Regeln verletzt oder sich wenig geneigt zeigt, sie zu respektieren, kann der Therapeut das Problem nicht einfach mit einem gegenparadoxen Eingriff lösen. Ganz abgesehen von den Nachteilen, die ihm selbst daraus erstehen würden, wäre es sinnlos und auch ein wenig lächerlich, wenn er etwa die Tatsache, daß die Familie die Bezahlung verweigert, „ins Positive umdefinieren" oder ihr ostentatives Zuspätkommen „bestätigen" würde.

Es empfiehlt sich vielmehr, sich von vornherein mit der Familie über jene Regeln zu verständigen, die man für unumgänglich hält und die eingehalten werden müssen, solange die Therapie nicht aus schwerwiegenden Gründen unterbrochen oder für sinnlos erklärt werden muß.

Der Therapeut. In der gängigen Literatur wird das therapeutische Paradox oftmals beschrieben wie eine Art Geheimwaffe gegen einen besonders hartnäckigen und schwer überwindbaren Feind. Doch ist die Familie, so gestört sie auch scheinen mag, ganz und gar kein Feind, und die Therapie hat nichts mit einem Krieg zu tun.

Unserer Meinung nach sollte das therapeutische Paradox, wenn es wirken und funktionieren soll, weder als Waffe noch als Kontrollinstrument noch als Täuschungsmanöver behandelt werden. Das Gegenparadox ist u.E. ein spezielles Mittel, um die unzulässige Totalität aufzulösen und denen, die Opfer einer Unentscheidbarkeit geworden sind, ihre Entscheidungsfähigkeit zurückzuerstatten.

Das therapeutische Paradox, so wie wir es begreifen, stützt sich wesentlich auf den Gestus der Bestätigung gegenüber den symptomatischen Verhaltensweisen. Will der Therapeut das Gegenparadox auf glaubwürdige Weise zur Anwendung bringen, so muß er diesen Verhaltensweisen Apekte abgewinnen, die er guten Gewissens bestätigen kann, ohne sich der Hinterlist verdächtig zu machen.

Um dorthin zu gelangen, darf der Therapeut sich nicht schon mit ersten, flüchtigen Beobachtungen zufriedengeben: Die Aspekte, die er als gültig ansehen und bestätigen könnte, sind meist versteckt und nicht sogleich erkennbar; oftmals entsprechen sie auch kaum unseren allgemeinen Wertvorstellungen und sind nur akzeptabel, wenn sie im Rahmen ihres eigenen Systems und dessen Komplexität und „Stufenlogik" bewertet werden.

Die Straße zu einer korrekten Anwendung des Gegenparadoxes kann schwerlich instinktiv eingeschlagen werden, und vor allem anfangs wird es manch einem schwer fallen, sie zu finden: Man muß gelernt haben, die allerunauffälligsten menschlichen Aktionsweisen zu erkennen, und es bedarf der ständigen Übung, um in das beobachtete System jederzeit hinein- und wieder heraustreten und so die eigene Beobachtung immer wieder von verschiedenen Seiten aus überprüfen zu können. Ein Therapeut, der mit dem Paradox arbeitet, ist daher gezwungen, selbst die Veränderungen, die er von „seiner" Familie erwartet, mitzuvollziehen.

In diesem Sinne stellt das Gegenparadox eine ständige Probe für die Glaubwürdigkeit des Therapeuten dar: Immer wieder muß er beweisen, daß er an das glaubt, was er sagt und tut. Wer Zweifel daran hat, eine solch strenge Authentizität in der Anwendung des Gegenparadoxes einhalten zu können, sollte lieber darauf verzichten.

Literaturverzeichnis

Die angegebenen Erscheinungsjahre beziehen sich auf die Originalausgabe. Bei wichtigen Werken ist in Klammern die deutsche Übersetzung angegeben. Bei Zitaten angegebene Seitenzahlen beziehen sich auf italienische Originale bzw. Übersetzungen, oder – falls nicht vorhanden – auf englische, französische oder deutsche Originalausgaben.

Andolfi M., La terapia con la famiglia, Astrolabio, Roma 1977 (dt: Familientherapie. Das systemische Modell und seine Anwendung, Freiburg [3]1988).

Appleby L., Scher J. M., Cummings J. (hg. v.), Chronic Schizophrenia: Explorations in Theory and Treatment, Free Press, Glencoe 1960.

Aristoteles, Metaphysik. Die Lehrschriften Bd. 5, Paderborn [3]1972.

Ashby R. W., An Introduction to Cybernetics, Chapman & Hall, London 1956 (dt: Einführung in die Kybernetik, Frankfurt 1974).

Bateson G., Social Planning and the Concept of Deutero-Learning, in Bryson, Finkelstein (1942).

– The Position of Humor in Human Communication, in Foerster (1952).

– A Theory of Play and Fantasy: a Report on Theoretical Aspects of the Project for Study of the Role of Paradoxes of Abstraction in Communication, in „Approaches to the Study of Human Personality", American Psychiatric Association, Psychiatric Research Reports, N. 2 (1955).

– The Group Dynamics of Schizophrenia (1960a), in Appleby, Scher, Cummings (1960).

– Minimal Requirements for a Theory of Schizophrenia, Archs gen. Psychiat., vol. 2, 477-91 (1960b).

– Problems in Cetacean and Other Mammalian Communication, in Norris (1966).

– Redundancy and Coding, in Sebeok (1968).

– The Cybernetics of „Self": a Theory of Alcoholism, Psychiatry, vol. 34, 1-18 (1971a).

– Style, Grace and Information in Primitive Art (1971b), in Forge (1971).

– Steps to an Ecology of Mind, Ballantine, New York 1972a (dt: Ökologie des Geistes. Anthropologische, psychologische, biologische und epistemologische Perspektiven, Frankfurt 1980).

– The Logical Categories of Learning and Communication, and the Acquisition of World Views (1972b).

– Double Bind, in Sluzki, Rancom (1969).

– The Birth of a Matrix or Double Bind and Epistemology, in Berger (1978).

– Mind and Nature, Wildwood House, London 1979 (dt: Geist und Natur. Eine notwendige Einheit, Frankfurt 1982).

– Jackson D. D., Haley J., Weakland J. H., Toward a Theory of Schizophrenia (1956).

– Jackson D. D., Haley J., Weakland J. H., A Note on Double Bind (1963).

– –, Ruesch J., Communication: the Social Matrix of Psychiatry, Norton, New York 1951.

Berger M. (hg. v.), Beyond the Double Bind, Brunner/Mazel, New York 1978.

Bertalanffy L. von, General Systems Theory, Braziller, New York 1968.

Bocchi G., Ceruti M. (hg. v.), La sfida della complessità, Feltrinelli, Milano 1985.

Bochenski J. M., Formale Logik, Freiburg-München 1956.

Boole G., The Mathematical Analysis of Logic, Cambridge, London 1847.

Bowen M., Toward a Differentiation of a Self in One's Family, in Framo (1972).

Bryson L., Finkelstein L. (hg. v.), Science, Philosophy and Religion, Conference on Science, Philosophy and Religion in Their Relation to the Democratic Way of Life, New York 1942.

Bunge, M. (hg. v.), Les théories de la causalité, Presses Universitaires de France, Paris 1971 (dt: Kausalität, Geschichte und Probleme, Tübingen 1987).

Cancrini L. (hg. v.), Verso una teoria della schizofrenia, Boringhieri, Torino 1977.

Canevelli F., Loriedo C., Pezzi D., Trasarti Sponti W., Vella G., La prescrizione, in Vella (1981).

Cronen V. E., Johnson K. M., Lannaman J. W., Paradoxes, Double Binds and Reflexive Loops: an Alternative Theoretical Perspective, Fam. Proc., vol. 21, N. 1, 91-112 (1982).

Dell P., Beyond Homeostasis: Toward a Concept of Coherence, Fam. Proc., vol. 21, N. 1, 21-41 (1982).

‒ Why Do we still Call them „Paradoxes"?, Fam. Proc., vol. 25, N. 2, 223-34 (1986).

De Shazer S., Brief Family Therapy: a Metaphorical Task, J. mar. Fam. Ther., vol. 6, N. 4, 471-76 (1980).

Diogene Laerzio, Vite dei filosofi, 2 voll., Laterza, Bari 1962.

Ekman P., Telling Lies, Clues to Deceit in the Marketplace, Politics and Marriage, Norton, New York 1985.

Engels F., „Anti-Dühring", Berlin 1948.

Erickson M. H., Naturalistic Techniques of Hypnosis, Am. J. clin. Hypn., vol. 1, 3-8 (1958).

‒ Further Techniques of Hypnosis: the Utilization Techniques, Am. J. clin. Hypn., vol. 2, 3-21 (1959).

‒ An Hypnotic Technique for Resistent Patients: the Patient, the Technique and Its Rationale and Field Experiments (1964a).

‒ The Confusion Technique in Hypnosis (1964b).

‒ The Use of Symptoms as an Integral Part of Hypnotherapy (1965).

‒ Collected Papers of Milton H. Erickson, vol. 4, Irvington, New York 1980.

‒ Rossi, E. L., Hypnotherapie, München 1981.

‒ Rossi E. L., Rossi S. I., Hypnotic Realities. The Induction of Clinical Hypnosis and Forms of Indirect Suggestion, Irvington, New York 1976 (dt: Hypnose. Induktion – psychotherapeutische Anwendung, München ²1986).

Farrelly F., Brandsma J. M., Provocative Therapy, Shield, Fort Collins 1974 (dt: Provokative Therapie, Heidelberg 1974).

Fish R., Weakland J. H., Segal L., The Tactics of Change: Doing Therapy briefly, Jossey Bass, San Francisco 1982.

Foerster H. von (hg. v.), Transactions of the Ninth Conference on Cybernetics, Macy Foundation, New York 1952 (dt: Sicht und Einsicht, Braunschweig 1985).

Forge A. (hg. v.), The Study of Primitive Art, Oxford University Press, Oxford 1971.

Framo J. L. (hg. v.), Family Interaction, Springer, New York 1972.

Frankl V. E., Zur medikamentösen Unterstützung der Psychotherapie bei Neurosen, Schw. Arch. Neurol. Psychiat., vol. 43, 26-31 (1939).
- Die Psychotherapie in der Praxis, Deuticke, Wien 1947.
Frege G., Begriffsschrift, eine der arithmetischen nachgebildete Formelsprache des reinen Denkens, Halle 1879.
- Grundgesetze der Arithmetik, Pohle, Jena 1893, unveränderter Nachdruck Hildesheim 1962.
Gödel K., Über formal unentscheidbare Sätze der Principia Mathematica und verwandter Systeme I, Monatsh. Math. Phys., vol. 38, 173-98 (1931).
Grunebaum H., Chasin R., Relabeling and Reframing Reconsidered: the Beneficial Effects of a Pathological Label, Fam. Proc., vol. 17, 449-56 (1978).
Gurman A. S., Kniskern D. P. (hg. v.), Handbook of Family Therapy, Brunner/Mazel, New York 1981.
Halbwachs F., Causalità lineare e causalità circolare in fisica, in Bunge (1971).
Haley J., Strategies of Psychotherapy, Grune & Stratton, New York 1963 (dt: Direktive Familientherapie. Strategien für die Lösung von Problemen, München [3]1985).
- (hg. v.), Advanced Techniques of Hypnosis and Therapy. Selected Papers of Milton H. Erickson, Grune & Stratton, New York 1967.
- Uncommon Therapy. The Psychiatric Techniques of Milton H. Erickson, Norton, New York 1973 (dt: Die Psychotherapie Milton H. Ericksons, München [2]1988).
- Problem-Solving Therapy, Jossey-Bass, San Francisco 1976 (dt: Gemeinsamer Nenner Interaktion. Strategien der Psychotherapie, München [2]1987).
- Ordeal Therapy: Unusual Ways to Chance Behavior, Jossey-Bass, San Francisco 1984.
Henry J., Pathways to Madness, Vintage Books, New York 1973.
Hilbert D., Die Grundlagen der Mathematik, Abhandlungen aus dem mathematischen Seminar der hamburgischen Universität, vol. 6, 65-85 (1928).
Hofstadter D., Gödel, Escher, Bach: an Eternal Golden Braid, Basic Books, New York 1979 (dt: Gödel, Escher, Bach, Ein Endloses Geflochtenes Band, Stuttgart [12]1989).
Howard N., Paradoxes of Rationality: Theory of Metagames and Political Behavior, MIT Press, Cambridge, Mass. 1971.
Jantsch F., The Self-Organizing Universe, Pergamon, Oxford 1980.
Keeney B. P., Aesthetics of Change, Guilford, New York 1983 (dt: Die Ästhetik des Wandels, Hamburg 1986).
Lankton S. R., Lankton C. H., Enchantment and Intervention in Family Therapy, Brunner/Mazel, New York 1986.
Le Moigne J.-P., Progettazione della complessità e complessità della progettazione, in Bocchi e Ceruti (1985).
Levick S. E., Paradox of Always-never Land, in Wolberg, Aronson (1983).
Madanes C., Protection, Paradox, and Pretending, Fam. Proc., vol. 19, N. 1, 73-86 (1980).
- Behind the One-Way Mirror, Jossey-Bass, San Francisco 1984.
Mehrabian A., Silent Messages: Implicit Communication of Emotions and Attitudes, Wadsworth, Belmont 1981.
Minuchin S., Families and Family Therapy, Harvard University Press, Cambridge,

Mass. 1974 (dt: Familie und Familientherapie. Theorie und Praxis struktureller Familientherapie, Freiburg [8]1990).

Montaigne M. de, Saggi, 2 voll., Adelphi, Milano 1982.

Morin E., La méthode. I, La nature de la nature, Seuil, Paris 1977.

– La méthode. II, La vie de la vie, Seuil, Paris 1980.

Nagel E., Newman J. R., The Gödel's Proof, New York University Press, New York 1958.

Newton J. R., Considerations for the Psychotherapeutic Technique of Symptom Scheduling, Psychother. Theor. Res. Pract., vol. 5, 95-103 (1968).

Norris K. S. (hg. v.), Whales, Dolphins and Porpoises, University of California Press, Berkeley-Los Angeles 1966.

Quine W. V., Paradox, Scient. Am., vol. 206 (1962).

– The Ways of Paradox and Other Essays, Harvard University Press, Cambridge, Mass. 1966.

Racamier P.-C., Les schizophrènes, Payot, Paris 1980 (dt: Die Schizophrenen. Eine psychoanalytische Interpretation, Heidelberg 1982).

Rohrbaugh M., Tennen H., Press S., White L., Compliance, Defiance and Therapeutic Paradox, Am. J. Orthopsychiat., vol. 51, 454-67 (1981).

Russell B., The Principles of Mathematics, London 1903.

– Mathematical Logic as Based on the Theory of Types, Am. J. Math., vol. 30, 222-62 (1908).

– Introduction to the Mathematical Philosophy, London 1919.

– –, Whitehead A. N., Principia Mathematica (1910) (dt: Frankfurt 1986).

Sebeok T.A. (hg. v.), Animal Communication: Technique of Study and Results of Research, Indiana University Press, Bloomington 1968.

Seltzer L. F., Paradoxical Strategies in Psychotherapy. A Comprehensive Overview and Guidebook, Wiley, New York 1986.

Selvini Palazzoli M., Boscolo L., Cecchin G., Prata G., Paradosso e controparadosso, Feltrinelli, Milano 1975 (dt: Paradoxon und Gegenparadoxon, Stuttgart [6]1988).

Sluzki C. E., L'effimera natura del paradosso in terapia, Attraverso lo specchio, 15-17, 23-27 (1987).

– –, Ransom D. C. (hg. v.), Double Bind: the Foundation of the Communicational Approach to the Family, Grune & Stratton, New York 1976.

Smullyan R. M., What Is the Name of This Book?, Prentice Hall, London 1978 (dt: Wie heißt dieses Buch? Eine unterhaltsame Sammlung logischer Rätsel, Wiesbaden 1981).

Stanton M. D., Strategic Approach to Family Therapy, in Gurman e Kniskern (1981).

Vella G. (hg. v.), Psicoterapia relazionale, Bulzoni, Roma 1981.

Watzlawick P., Paradoxical Predictions, Psychiatry, vol. 28, 368-74 (1965).

– Riddles of Self-Reflexiveness, in Wilder, Weakland (1981).

– Beavin J. E., Jackson D. D., Pragmatics of Human Communication, Norton, New York 1967 (dt: Menschliche Kommunikation. Formen, Störungen, Paradoxien, Bern [8]1990).

– Weakland J., Fish R., Change: Principles of Problem Formation and Problem Resolution, Norton, New York 1974 (dt: Lösungen. Zur Theorie und Praxis menschlichen Wandels, Bern [4]1988).

Weakland J. H., Fish R., Watzlawick P., Bodin A. M., Brief Therapy Focused Problem Resolution, Fam. Proc., vol. 13, 141-68 (1974).

Weeks G. R., L'Abate L., Paradoxical Psychotherapy: Theory and Practice with Individual, Couples and Families, Brunner/Mazel, New York 1982 (dt: Paradoxe Psychotherapie. Theorie und Praxis in der Einzel-, Paar- und Familientherapie, Stuttgart 1985).

Whitaker C. A., The Importance to the Family Therapist of Being Impotent, Family, vol. 4, N. 2, 67-74 (1977a).

— Process Techniques of Family Therapy, Interaction, vol. 1, N. 1, 4-19 (1977b).

Whorf B. L., Language, Thought and Reality, MIT Technical Press, Cambridge, Mass. 1956 (dt: Sprache – Denken – Wirklichkeit. Beiträge zur Metalinguistik und Sprachphilosophie, Reinbek 1984).

Wilden A., Wilson T., The Double Bind: Logic, Magic, and Economics, 1976.

Wilder C., Weakland J. H. (hg. v.), Rigor and Imagination. Essays from the Legacy of Gregory Bateson, Praeger, New York 1981.

Wittgenstein L., Tractatus logico-philosophicus. Tagebücher 1914-1916. Philosophische Untersuchungen (Werkausgabe. Bd. 1), Frankfurt 1989.

Wolberg L. R., Aronson E. (hg. v.), Group and Family Therapy, Brunner/Mazel, New York 1983.

Zeig J. K., Symptom Prescription Techniques: Clinical Applications Using Elements of Communication, Am. J. clin. Hypn., vol. 23, 23-33 (1980).

Namen- und Sachregister